祖国を愛し、
家族を守る

ウクライナ女性の美しく前向きな生き方

美人大国・ウクライナ女性の衣食住と恋愛・結婚のすべて

ウクライナの歌姫
バンドゥーラ奏者
カテリーナ

徳間書店

プロローグ

「なぜ、ウクライナの女性は、強くて美しいのか?」

目の前にはどこまでも続くひまわり畑。少女の私は、自分より少し背丈の高いひまわりをかき分けるように進んでいきました。

途中で、ひまわりの花の周りに飛んでいた蜂たちが、私の耳のそばをブーンと飛び交います。

一緒に来ていたはずの母も姉も、どこを見渡してもいません。まぶしいくらいのひまわり畑の真ん中で、不安の中、立ちすくむ少女時代の私。

……戦争が始まってから、私は何度も同じ夢を見るようになりました。

私は1986年、チョルノービリ(チェルノブイリ)近郊のプリピャチという町で生まれました。その年は、まさしくチェルノブイリ原子力発電所の事故が起きた年です。

生後1か月で首都キーウ(キエフ)へと避難したので、生まれた土地のことは覚えていません。母から聞くと、プリピャチの住民は町を出ることを拒否した一部のおじいちゃん、おばあちゃんたち以外、強制的に避難させられました。残念ながらプリピャチの街はいまだに放射線量が高いため、人が住めない町になってしまいました。

首都キーウに家族で引っ越してから、私たちは「被災者」として国からの保護を受けて生活していましたが、子どもだった姉や私は学校でいじめの対象になりました。同じくチェルノブイリ地区から避難してきた子どもたちは、私たち同様、学校でいじめの対象になりました。

「一緒に遊ぶと放射能がうつるから遊べない」

クラスメイトからは、「原発の子ども」だといじめられ、小学校ではクラスの輪に入っていけませんでした。

そのときの悲しみを思い出すからか、私はキーウのひまわり畑があまり好きではありませんでした。

しかし、事故から30年以上が経ち、当時、クラスメイトだった友人たちと、SNSでつ

一面に広がるひまわり畑は、ウクライナを象徴する風景。
ヒマワリ油を搾るために栽培されている。

ながるようになりました。

「カテリーナ、あの時は何が起きたのかわからなかったの。本当にごめんなさい」

と連絡してきた友人とは、今もやり取りを続けています。


私の父は事故の前から原発で働く人たちの防護服のクリーニングの仕事をしていました。

父は原発事故で被曝して複数のガンになり、２０１２年に61歳で亡くなってしまいました。


小学校時代はいじめにあう生活が続きましたが、悪いことばかりではありませんでした。

被災した子どもたちを集めた音楽団ができたのです。

歌と踊りをやる音楽団に入ってコンサート活動をするためにいろんなところを回り、コンサートが終わると原発事故で闘病中の子どもたちのために募金活動をしました。

そのうち20人ほどの子ども音楽団に、来日するチャンスが訪れます。１９９６年、当時10歳だった私は、初めて日本に行くことになったのです。

初めての日本は、街も建物もすべてきれいで、夢の国のようでした。少女の私は、そのとき「いつかこの国に住みたい」と思うようになりました。

1996年に音楽団の一員として来日した

今思えば、チェルノブイリの事故がなかったら日本に来るチャンスはなかったでしょう。日本でバンドゥーラ奏者として活動することもなかったと思います。

その日本では２０１１年の東日本大震災で福島の原発事故が起こってしまいました。

日本と私は、不思議な縁でつながっていると思っています。

先日、ニュースでキーウのひまわり畑が満開になっている映像が流れました。あのときと同じ景色。少女時代の私にとって、キーウでの思い出は楽しいことばかりではありません。

でも、あの頃と変わらぬひまわり畑を見て、無性に故郷・ウクライナが恋しくなり自然と涙があふれてきました。

原発事故が原因でいじめにあっていた私は、当時、「理不尽な想い」でいっぱいでした。「私のせいじゃないのに、なぜ同じウクライナ人からいじめられなくてはいけないの？」

このような想いは、今回のロシアのウクライナ侵攻に始まる戦争で、ウクライナに住む多くの人々に広がっています。今、ウクライナは理不尽な想いで辛《つら》い目にあっています。帰りたいのに、帰れない。あの頃と同じ景色は戻らない。愛する人たちを亡くして、途方に暮れている人たちもたくさんいます。

そんな戦渦のなかで、堂々と咲き誇るひまわりたちが、いまはとても愛おしい存在になりました。ウクライナの国花である、ひまわりがどうか幸せの象徴になりますように。

今回の戦争で、日本の方々がウクライナのことを心配してくださり、ウクライナにたくさんの応援支援をいただいています。とても有難《ありがた》く感謝しています。

ただ、今のウクライナの姿は、本来の美しく豊かなウクライナの大地ではなく、そこで自由に生きるウクライナの人々の姿もありません。本来のウクライナの自然やウクライナの人々の生き方には、日本の方も共感できるのではないでしょうか。そんなウクライナの姿を少しでも伝えられたらいいと思っています。

今も私は、自分の胸に問い続けています。

「私にできることを、精一杯やっていこう」

この想いをこの本には1ページずつ込めました。もちろんこの本がすべてのウクライナ女性のことを代弁しているわけではありません。

でも、これも真実のひとつとしてお読みいただければ、こんなに嬉《うれ》しいことはありません。

2023年9月

カテリーナ

ウクライナ地図

◆日本との時差　−6時間（夏時間）、−7時間（冬時間）

◆民族構成　ウクライナ人77.8%、ロシア人17.3%、ベラルーシ人0.6%、ほか。（2001年統計）

◆主な宗教　ウクライナ正教会、ウクライナ東方典礼カトリック教会、ユダヤ教、イスラム教（スンニー派）、ローマ・カトリック

◆主要祝祭日　1月1日新年、1月7日正教クリスマス、3月8日国際婦人デー、5月復活祭（年によって日が異なる）、5月1日メーデー、5月9日対ナチズム戦勝記念日、6月三位一体祭（年によって日が異なる）、6月28日憲法記念日、8月24日独立記念日、10月14日ウクライナ防衛者の日、12月25日カトリック・クリスマス

◆通貨　フリヴニャ（UAH）、1ドル=26.61フリヴニャ（2021年10月1日現在、中銀レート）

◆一人当たりGDP

3726ドル（日本は3万9827ドル／2020年世界銀行）

（在ウクライナ日本国大使館「ウクライナ概観」をもとに作成）

ウクライナの基本情報

◆国名　ウクライナ
◆国旗　空色・黄色の二色旗(青空と小麦の黄色い畑を象徴している)
◆国歌　「ウクライナは未だ死なず」、1865年ヴェルビツキー作曲
◆言語　ウクライナ憲法により国家語はウクライナ語と規定されている。
◆面積　60万3500平方キロメートル(日本の約1.6倍)
◆人口　4138万人(2021年7月現在推計:国家統計局。被占領中のクリミア自治共和国及びセヴァストーポリ市を除く)
◆首都　キーウ(キエフ)市(ドイツのフランクフルト、樺太北部とほぼ同緯度))
◆主要都市の人口(2021年1月現在)
キーウ296万人、ハルキウ143万人、オデーサ101万人、ドニプロ98万人、ドネツク90万人、リヴィウ72万人、ザポリージャ72万人。
◆人口指標　平均寿命(男)66.92歳、(女)76.98歳(2019年)
◆地勢　ウクライナの国土の半分は平野で、北部にはポリッシャ湿地、東部にはドネツク丘陵、西部にカルパチア山脈から続く高地がある。中央部及び南部の平野は、肥沃な黒土に被われており、小麦などの耕作地が広がり、ロシア帝政時代から「欧州の穀倉地帯」と呼ばれている。
南部のクリミア半島は比較的温暖で、第二次世界大戦末期のヤルタ会談の舞台となったヤルタは有名な保養地である。

ドニプロ川は、ヴォルガ、ドナウに次ぐヨーロッパ第3の大河で、ウクライナの水道水、水力発電に利用されているばかりでなく、水上交通の大動脈となっている。
◆気候　北部及び西部は冷帯湿潤大陸性気候、南東部は乾燥したステップ気候、クリミア半島は比較的温暖な温暖湿潤気候。
首都キーウの2015年の年間平均気温は10.7℃。(東京は16.6℃、札幌／石狩地方は10.22℃)

「欧州の穀倉地帯」と言われていたウクライナ。ロシア侵攻後も小麦の収穫が行われた（2022年7月）

火の手があがる小麦畑（2022年7月、ザポリージャ近郊）

2022年のウクライナ独立記念日
（2022年8月24日）

民族衣装を着て、ウクライナ独立記念日を祝う人たち

ウクライナ独立記念日にキーウの道路に並べられた破壊されたロシア軍の戦車

ロシア軍との戦いで亡くなったウクライナ軍人の墓にたたずむ女性

Contents

PART 1 祖国ウクライナのライフスタイル

PART 2 ウクライナ女性のファッションと美容

PART 3

ウクライナ女性たちの恋愛と結婚、子育て

PART 4

祖国と戦争について

PART 5

ウクライナの仕事とお金

PART 6

ウクライナ美人の食と健康

装　幀　鳴田小夜子（KOGUMA OFFICE）
料理撮影　佳川奈央（ハフフォトプランニング）

祖国ウクライナのライフスタイル

PART 1

ウクライナの女性たちの生活習慣や家族とのつながり、私が出会った民族楽器バンドゥーラについてお話しします。日々のライフスタイルから、ウクライナ女性たちの日常を感じていただけたらと思います。

ウクライナの女性は、超きれい好き

ウクライナの女性たちに趣味は何ですか？　と尋ねたら、半数以上の女性たちが、「部屋のお掃除」と答えるくらい、きれい好きが多いのがウクライナ女性の特徴といえます。

とくに「ながら掃除」がすごく得意で、例えば、シャワーを浴びながらお風呂場を掃除したり、化粧したり、ヘアアイロンで髪の毛を巻きながらも、洗面台の辺りを拭き掃除することは、皆さん、よくやっている光景です。

きれい好きなので、毎日、掃除だけに時間をかけています。それ以外にも他のことをしながらも、汚れが気になったら必ずきれいにする習慣があるので、家の中はいつもピカピカになっています。

ウクライナの家は、日本と同じようにシャワーとトイレが別の家が多いです。私の実家もトイレとお風呂場は別々になっていたので、お風呂は一人でゆっくり入っていました。ただ日本式のバスタブのようにお湯を張って浸かるというより、バスタブの中でシャワーを浴びて、お湯に浸かりながら体を洗うという方式でした。

日本のようにお風呂はお風呂、シャワーはシャワーで別というのは、ウクライナではちょっとぜいたくな造りです。

一般的にお湯に浸かる習慣はありませんが、ウクライナの冬はけっこう寒いので、冬の季節になると、暖かいお風呂に入るのは皆さん大好きです。

ウクライナでは入浴剤のかわりに、男性からプレゼントしてもらったバラの花を部屋に飾ったあと、お風呂にバラの花びらを浮かべて入ることはよくありました。

バラの花びらのお風呂は、なかなかできないぜいたくですが、もともとウクライナにはいろいろな種類のバラがあり、バラの花の香水も名産品としてたくさん作っています。

また、きれい好きということと関連しますが、ウクライナの女性たちは、その日の気分でシャンプー、トリートメント、ボディシャンプーを替えたりするので、お風呂場には自分専用のシャンプーやボディシャンプーがたくさん並んでいます。

ウクライナでは旦那さん、奥さん、子ども用とそれぞれ自分専用のシャンプーを使います。これは日本とはちょっと違う点だと思います。

私も10代の頃、姉たちのシャンプーをこっそり使うことがあったのですが、香りでバレて、「カテリーナ！　私のシャンプーを勝手に使わないで」とよく叱られていました。

化粧品に関しても、自分が使っている化粧水がなくなると、姉の化粧水を使ったりしてよく喧嘩《けんか》になっていました。

きれい好きで、こだわりが強いのも、ウクライナ女性の特徴かもしれません。

ウクライナの別荘〝ダーチャ〟での暮らし

ウクライナの暮らしを語る上で欠かせないのが、「ダーチャ」という別荘のような場所です。

夏の暑い時期だけダーチャに行って過ごします。自然の豊かな場所にダーチャはあるので、そこの畑で自分たち家族が食べる野菜や果物を作ったり、保存食としてピクルスを作ったりします。少なくともそこでの食費はかからないように工夫するのです。

さらに、例えば豚やニワトリ、ヤギ、うさぎ、アヒル、カモなどの小動物を飼って育てたりもします。

我が家ではアヒルのひな100羽、ニワトリのひよこ200羽、うさぎ50羽を飼っていました。最初こそたくさんいるのですが、大きくなる途中で野良猫やタヌキ、鷹《たか》などに食べられたり、病気になって死んでしまったりするので、成長するまでには半数以下になってしまうのです。

そして、これらの家畜を冬が来る前に解体して、その肉を新鮮なうちに冷凍保存し、冬の時期に食べたりします。

我が家は4人姉妹がいる大家族なので、両親が娘たちに健康的な暮らしと食事をさせてあげたい、という想いからダーチャがありましたが、そのおかげで肉や野菜はほとんど自給自足でき、スーパーで買ったことがありませんでした。

また、ダーチャで育てた家畜は家族で食べる以外に、お世話になった方々へのお土産として持参することも多かったです。

例えば、学校で子どものトラブルがあり、先生に謝罪やお礼をする際、普通に菓子折りを持っていくのは、ウクライナではありきたりとされてしまいます。それよりも、自分の家で育てたニワトリやカモなどの新鮮なお肉をお土産に持っていくと、とても喜ばれるのです。

私の場合は、ウクライナの音楽専門学校に通っていた頃、私だけ何度か日本での音楽公演に参加させてもらっていました。

そうすると、なかには、「他の生徒はウクライナで音楽の勉強をしているのに、カテリーナだけ日本に行ってずるい。一人だけ海外に行って遊んでいるに違いない」と、いろいろやっかむ生徒や先生がいました。

もちろん、日本へは遊びではなく音楽活動で行っていたのですが、母は学校でのトラブルを少しでも解消するために、よくニワトリやカモを1羽丸々さばいて、先生に手土産として渡していました。

このあとの章でも詳しくお話ししますが、ウクライナでは新鮮な肉や野菜はなによりのごちそうであり、それを料理する女性たちは皆、動物を解体することを若い頃から習います。私も最初は、怖くてかわいそうで、ニワトリの解体などできませんでしたが、母や姉からは「これをやらないと、食べるものは無いわよ」と言われていました。

とくに田舎育ちのウクライナ人にとっては、それは普通のライフスタイルになります。畑仕事や家畜を育てて解体して、料理することは普通にできます。それができないと生きていけないのです。

私は19歳から日本で生活していますが、来日した当初、日本の若い女性たちが料理をいっさいしたことがないとか、包丁を握ったことがない、という話を聞いてとても驚いた記憶があります。

もちろん日本の若い女性でも料理上手な方はたくさんいるとは思いますが、ウクライナの女性たちのほとんどが畑仕事や家畜の世話、料理、掃除などを含めた家事全般のほとんどができることを思うと、日本との違いを感じます。

でもこれは、日本のほうが「料理はこうあるべき」と意識のハードルが高すぎるのかもしれません。

日本の食文化の基本は「一汁三菜」ですが、日々、仕事で忙しい日本人女性にとって、毎日、おかずを3品作るのは大変でしょう。

ウクライナ料理のように「大皿に盛った料理を一つ作って、みんなで取り分けて食べる」という日もあっていいと思います。

ウクライナ人はおもてなし料理が大好き

ウクライナの女性たちは、料理を作ってお客さんや友だちを招いて、おもてなしすることが大好きです。

ある調査では、ウクライナの女性たちはけっこうな頻度で時間をかけて料理を作っている、というデータがあるそうです。

日本では家族や親せき、友人たちを招いてホームパーティを開くのは、誰かの誕生日やお祝い会、年末年始などが多いと思います。

ウクライナでは、基本は外で食べるのではなく、家族揃って家で食事をするというのが習慣になっています。何か特別な日でなくても、近所の友人たちを招いておもてなしすることがよくあります。

これにはおもてなしする側の家族の理解も大事です。仕事もして家事もするウクライナ女性だけがおもてなしの準備をするのではなく、家族揃っておもてなしをするために全員が協力するのです。

例えば、食材を用意したり、食器をテーブルに揃えるのは旦那さんの役目、後片付けをするのは子どもたちの役目など、奥さんやお母さんだけに負担がかからないようにお手伝いをします。

そうすることで家族内でも会話が弾み、コミュニケーションがとれます。それが明るい雰囲気となって招かれたお客さんも楽しく食事ができるのです。

それが当たり前のウクライナでは、

「家事は女性だけがやるもの」

「料理を作るのは女性の役目」

という認識はありません。

男性たちも積極的に手伝うことで、女性たちは気分よく料理を作るようになるのです。

日本でも、料理好きな男性は増えましたが、まだまだ「料理は女性が作るもの」「料理が得意な女性は素敵」という意識が強く、それがプレッシャーや面倒臭さにつながっていることが多いように思います。

ウクライナではできるだけ家族揃って食べる時間を大切にするので、みんなが帰って来る時間に合わせて夕食を作るようにしています。

日本では仕事や学校でそれぞれ忙しいので、なかなか家族揃っての食事は難しいのでしょうが、ウクライナでおもてなしする楽しさを実感していたので、私は日本にいても時間が許す限り、家族で食べる時間、お客さんを招いて楽しく料理を食べる時間を大切にしたいと思っています。

ウクライナの女性同士は本音を隠さず情に厚い

おもてなし料理を振る舞うのが大好きなのがウクライナ人だという話をしましたが、これは人間関係にも通じるところがあります。

ウクライナの女性にとって、心を許せる女友だちの存在はとても大切です。何か悩みがあって夜中に電話しても出てくれるし、困りごとがあれば助けてくれる存在です。

もちろん仕事中だとか、別の用事があるときは、その場で電話に出てくれなくても、必ずそのあと、「どうしたの？　話、聞くよ」と連絡してくれます。

私にはウクライナに付き合いの長い女友だちがいます。悩んでいるとき、怒りがおさまらないとき、誰にも言えないことがあるとき、いつもその友だちに電話をして話を聞いてもらっています。

この前も、彼女にどうしても話したいことがあり、電話をしました。

「あ、ごめん、もしかしたら、今、仕事だった？」

「まあ一応、仕事中だけど、大丈夫」

「ごめんごめん、じゃあ時間ができたら電話して」

「わかった、今晩電話するね」

いつもこんな感じでやり取りをしています。

ウクライナの女性同士は、仕事のことから家族のこと、旦那や恋人との性にまつわる悩みでも、オープンに話します。

これは例えばの話ですが、

「最近、彼がキスしてくれないんだけど、どう思う?」

「なんだか旦那と倦怠期《けんたいき》で、一緒にいるのが苦痛なんだけど、やばいかな」

「彼が浮気してるみたい。問いただしたほうがいい?」

このように本音を隠さず伝えるので、お互い本気で相手の力になろうとするのです。

でも日本に来てからは、なかなかウクライナの友人とのような関係を築くのが難しいと感じるようになりました。

相手への気遣いもあって、本音を明かさない相手には、こちらも、「どこまで話していいのだろう」と考えながら話しています。

とくに日本で結婚してからは、ママ友との関係が増えましたが、こちらが打ち解けたと思って仲良く付き合っていた友人に、つい、夫婦げんかの話をしたら、

「ちょっとごめん、あまり相手の家族の関係のこととか聞きたくないの」

とはっきり言われて驚いたことがありました。

これはどっちが悪いとかいいとかではなく、心の距離感が違うと、本音で話せないと気づいたのです。

私は、お互いに本音で話したいし、相手のことを理解したいし、何かあれば助け合えるような関係でいたいと思っています。

今は悩むことや怒ることがあったときは、ひたすら夫に話を聞いてもらっています。何かアドバイスをしてくれるわけではありませんが、黙って話を聞いてくれるだけでも、すごく有難いと思っています。

あとは、悩みを抱え込まない状況を自分で作ることです。そのためには、できるだけやりたいことをやる。やりたくないことはやらない。この心がけが大事です。

やらなければいけないことに縛られて生きるのは、誰かにそう言われたからです。大切なのは、そもそもその決まりは誰が考えたの？　と思い返したとき、それを決めているのは自分自身だと気づくことです。

私の場合は、有難いことに自分が好きな音楽の仕事で生きていけているのは、とても幸せなこと。その軸がぶれない限り、余計な悩みで振り回されることはないだろうと思っています。

ウクライナの教育について

ウクライナと日本では教育に関しても、違う点がいくつかあります。まず、私が最初に日本に来て驚いたのが、

「子どもは5歳ぐらいまで叱ってはいけない」

と、夫のお義母《かあ》さんに言われたことです。

「子どもが小さいうちは、叱ってもその理由が子どもにはわからない。だから叱ってはいけない」と言われたとき、

「え？　でも子どもでも、自分がやっていることはわかるでしょう」

と思いましたが、根本的にこの考え方があるから、日本のママたちは子どもを叱らないのかも、と変に納得したことを覚えています。

でも、子どもが小さいうちに何をやっても叱らずに「はい、どうぞ」と許していて、いざ小学生になったときに、いきなり「これをやってはダメ。あれもダメよ」と叱ったり、規制したりすると、よけいに子どもは混乱すると思うのです。

ウクライナでは、子どもも同じ人間なので、同じ目線できちんとわかるように話したり、説明するようにして接します。

「子どもだからわからない」という扱いはしないで、子どもにわかる言葉でちゃんと言って聞かせる教育が基本です。

私はウクライナでこのような育ち方をしてきたので、自分の子どもにも日本のような育て方をしなくてはいけないのか、と思うと戸惑いしかありませんでした。

またうちの息子とは、こんなエピソードがあります。息子が5歳でまだ保育園に通っていた頃、私のコンサートで一緒に北海道まで息子を連れていき、CDの販売など、子どもなりに少し手伝ってもらったことがありました。

コンサートが無事に終わり、私がCDの売り上げなどを数えていると、息子が私に手を伸ばしてきたのです。

「ん？　どうしたの？」

「いや、僕のギャラは？　僕も仕事したから」

と言われて、驚いたことがありました。

息子は息子なりに、ママの仕事を手伝って良いことをしたから、ご褒美がもらえる、ということはわかっているのです。

5歳でもそれぐらいのことがわかるということは、逆にしてはいけないことも、当然、わかっているのです。

「まだ小さい子どもだから、言ってもわからない。だから叱ってはダメ」

というのは、やはり違うと思います。

私自身もそうやって育ってきたように、自分の子どもにもできるだけ同じように、「良いことは良いこと、良くないことは良くないこと」と、きちんと言って聞かせたいと思い、今もそのように息子を育てています。

厳しくしているつもりはあるけれど、叱るときは頭ごなしに言わないようには気をつけています。感情的に切れて怒っても、結局、子どもに伝わらないと意味がありません。とくに親が気持ちに余裕がないと、つい感情が先に立ってイライラして怒ってしまいます。そうならないように、私はなるべく事前に伝えたり、説明するようにしています。

例えば、明日の朝、私が早く起きて出かけなければならないときは、前日から明日の予定を伝えます。

「明日の学校の準備とか、着替えとか、宿題とか、全部できた？　明日、遅刻したくないなら、まずは前の日の夜から準備してね。ママも明日はすごく忙しいから、朝、イライラしたくないの。だから、ゲームばかりして遊ぶんじゃなくて、今から準備をしてね」

「うん、わかってる」

「もし万が一、明日できなかったら、もう私は何も言わないよ。ママは明日、朝の貴重な時間を、あなたを叱る時間に使いたくない。もし遅刻しても知らない。あなたのせいだよ」

ここまで説明して伝えると、息子はさすがに前の日から明日の準備を始めるようになりました。

これまでも何度か、朝の忙しい時間にお互いがイライラしてぶつかったことがあり、気持ちに余裕がないと喧嘩も増えるし、忘れ物をしたりして、お互い良いことがない、と実感したのです。

子どもにしても、せっかく新しい1日のスタートである朝に、ママからブチ切られて怒られても気分が悪いはずです。

これは子育てに限った話ではありませんが、相手に自分の気持ちを伝えるタイミングは大事だと思っています。

当日、忙しいときに文句を言っても相手は気分が悪いだけ。あとから、「あのとき、もっとこうすれば良かったじゃない。なんでそうしなかったの?」と言っても、「もう終わったことは、いいじゃない。今その話する意味がある?」と、子どもにしてみれば、過ぎたことを言われても面白くないのです。

何事もコミュニケーションの積み重ねが大事で、相手が聞く耳を持っていないときに、親が正論を振りかざしても意味がないのです。

息子に言われた「失敗してもいいんだよ」の言葉

息子とのやり取りのエピソードを、もう少し話します。

息子が小学校に入学する際、通学バッグや道具箱入れ、体操着入れなど手作りで用意する必要がありました。私は子どもの頃から裁縫が得意で、自分が欲しい洋服なども作っていたので、久しぶりのお裁縫が楽しくて、布選びからこだわって息子のバッグなどを作りました。

出来上がりも大満足。息子も、「学校に持っていくのが楽しみだ。ママ、ありがとう」と、とても喜んでくれました。

ところが、学校から帰って来ると、息子がぽつりと、

「ママ、バッグのサイズが違うみたい。これだとお道具箱が入らないよ」

驚いて、学校からのお便りにあった「手作りバッグのサイズ表」を見ると、バッグのサイズを間違えて作ってしまったことがわかりました。

落ち込む私に、息子は、

「人間だから失敗するのは当たり前。だから失敗してもいいんだよ」

と言うではありませんか。

6歳の息子に抱きしめられて慰められた私は、思わず涙が出ました。

「本当にあなたの言う通りだね。人間だから間違えることもあるよね。作り直すね」

このようにときどき、息子の言葉に救われたり、新たな視点をもらったりします。もちろん親なので子どもに対して責任はあります。

でも、私にとっては子どもということだけではなく、大切なパートナーという存在でもあります。息子は私の話も聞いてくれますし、こちらも話しやすい雰囲気を作るように努めています。

とくに仕事をしているお母さんは、子どもに対して、つい「今日、何があったの？ 宿題やったの？」「お友だちと仲良くできた？ 先生は何か言ってた？」と質問攻めにしてしまいがちです。

私も息子に質問ばかりしてしまって、「なんか、うざい。何もないよ。話したくない」と言われてしまったときは、さすがにショックで残念な気持ちになりました。

そのときは、息子に、

「ママもあなたに楽しいお話も、辛いお話もしたいし、あなたにも何かあったら話してほしいと思ってる。これからどんなことがあってもあなたの味方でいたいから、何もママに話さないままで、もし何か問題が起きてしまったら、ママはあなたを助けることができないかもしれない。でも、普段から2人でコミュニケーションを取っていたら、誰に何を言われても、本当のことがわかる。これって大事なことじゃない？」

そう伝えました。それからは息子はだんだんと、

「ねえねえ、聞いて。今日は学校でこういうことがあったよ」

「今日は友だちとこういう話をしたよ」

と、自然に自分から話すようになったのです。

また、こんなこともありました。急ぎの用事があって、友人宅に遊びに行っている息子の携帯に何度も電話をかけたのに、出ないことがありました。

息子が帰宅した際に、電話に出なかった理由を尋ねたら、「友だちの前でママからの電話に出るのは恥ずかしいよ」ということでした。

「恥ずかしいのはわかるけれど、ママも急用で電話したんだよ。だったら友だちから離れて電話に出るとか、メールで、『今はしゃべれないから5分か10分後にかけ直して』と連絡してくれれば、いいんじゃない？」

と伝えると、それから息子は、電話に出られないときは、メールで返信してくれるようになりました。

息子もどんどん成長して思春期になります。親子関係も変わってくるかと思いますが、やはり基本は子ども扱いせずに、同じ人間として対話するのが一番かなと私は思ってます。

日本にはお互いを察しあう文化があります。本音と建て前を使うことも必要な場面もあるかもしれません。

でも私は基本、本音を伝えたいと思っています。そのあたりは、いつも夫から「子どもだからそういう話はまだしないほうがいい」と叱られます。

私としては、話をしなければならないことがあるなら、わかりやすい言葉で伝えたり、逆に遠回しに言わないでストレートに伝えるほうが良いと思っているのです。

先日、自分の子育てが厳しすぎるのか気になって息子に聞いてみたら、「いや、ママは全然厳しくない。というか、超やさしい」と、にっこり。今のところは、良い関係が築けているみたいです。

ウクライナの伝統楽器バンドゥーラ奏者としての活動

2008年よりウクライナの伝統楽器バンドゥーラ奏者として日本で活動しています。日本の方々からは、「バンドゥーラはどういう楽器なのですか？」と聞かれることが多いので、バンドゥーラの楽器と歴史についてお話しします。

バンドゥーラには弦が65本あり、爪で弾く弦楽器の中で一番弦の数が多いものです（ハープの弦は主に47本）。日本でいうと琵琶《びわ》という楽器に近く、12世紀頃、2、3キログラムの小さい楽器を目の不自由な男性が語りながら奏でていたのが始まりといわれています。

バンドゥーラは歴史の中で、独裁者によって奏者ともども葬り去られそうになった過去があります。ソ連のスターリン時代、コンサートツアーをやるということで、全国から300人以上のバンドゥーラ奏者が集められたのですが、予定とは違うところへ連れていかれ、全員が殺され楽器も燃やされてしまったのです。

じつは現在も、バンドゥーラは再び存続の危機に瀕しています。それは今回のロシアのウクライナ侵攻に始まる戦争です。

バンドゥーラを作っているウクライナで2つしかない工場が戦争で壊されてしまいました。しかも、バンドゥーラを作る楽器職人までもが戦争に駆り出されているのです。

私がバンドゥーラに出合ったのは6歳の時でした。本当はピアノを習いたかったのですが、母の友だちがバンドゥーラの先生だったのと、母から「ピアノよりバンドゥーラを弾けるほうが珍しいし、バンドゥーラなら弾き語りもできるようになるから、あなたはバンドゥーラを習いなさい」と、説得されて、結局、バンドゥーラを習うことにしたのです。

そこからが辛い練習の日々でした。バンドゥーラは重くて8キロもあります。さすがに子どもの頃は5キロの重さのバンドゥーラで練習したのですが、落とさないように持つだ

ウクライナの伝統楽器バンドゥーラ。65本の弦を爪で弾く。

けで、腕が痛くて大変でした。

バンドゥーラを持って背筋を伸ばして座っていると腕だけでなく、足の筋肉も背中も痛くなります。しかもその状態で弦の場所を覚えるので苦労しました。

子どもの時は爪を伸ばせないので4本の指先にマメができて、それがつぶれるととても痛いのです。子どもながらに「なんでこんなに辛いことをやらなきゃいけないの」と、何度も泣きながら練習していました。

小・中学校時代は夕方から夜まで毎日音楽学校に通いました。中学を卒業した後は4年間、音楽専門学校に通い、文字通りバンドゥーラ漬けの毎日でした。

それこそ指を見ないで弾けるように、あえて真っ暗な部屋の中で1日6~8時間は練習していました。音楽学校の先生たちも厳しくて、基礎から徹底的に叩《たた》きこまれ、練習量も並大抵ではありませんでした。

音楽専門学校に通っていた頃は、親元を離れ、キーウ近郊のチェルニーヒウに部屋を借りてそこから通学していました。でも、そこのアパートでは楽器の演奏が禁止。仕方なく音楽学校の校長先生に頼んで、朝の5時から7時までと、夜の7時から深夜12時まで、誰もいない教室で練習させてほしいとお願いしたのです。

学校側も事情を理解してくれて、なんとか1日7時間の練習時間を確保することができました。

少女時代から振り返っても、バンドゥーラの思い出は、ひたすら苦しい練習の日々。でも、努力は裏切りません。今もバンドゥーラと共に音楽活動ができることは幸せです。もし仮に、ピアノを選択していたら、プロとして活動していなかったかもしれません。

ウクライナの伝統楽器をすすめてくれた母には感謝しかありません。

ウクライナには故郷を想う歌がたくさん

ウクライナの人たちにとって自分たちの国や家族はすごく大切な存在です。故郷への愛情を歌った曲やお母さんの歌もたくさんあります。「お母さん」という言葉は、ウクライナの国そのものを表すこともあります。

私がコンサートで演奏して歌う「金色の花」は、故郷やお母さんのことを思うウクライ

ウクライナ、カルパチア地方の風景（戦争前）

ナ伝統の歌です。

「幸せの鳥」という曲は子守歌ですが、殺さないでというメッセージがこめられています。メロディーがマイナーの曲が多いので、日本の方々はウクライナの曲を聴いて暗いイメージを持つ人が多いようですが、明るい曲もたくさんあります。

マイナー調の曲が多いのは、むしろウクライナでは普通の感覚です。若い世代のアーティストたちが作る歌も、同じようにマイナー調の曲が多いのですが、歌詞は明るくて笑える内容の曲もあるのです。


私は今、ウクライナ料理とバンドゥーラ演奏を楽しむイベント「食と音楽のカテリーナの夕べ」を定期的に開催しています。

参加してくださった日本人の方々からは、

「バンドゥーラのやさしい音色に懐かしさを感じます。ウクライナの曲のメロディーには日本人にも共通した情緒があるのかもね」

という声をたくさんいただきます。

母もよく料理を作る手伝いをしてくれるのですが、ウクライナ料理とバンドゥーラの演奏に包まれる空間は、まるで故郷に帰ったような感覚になる、と嬉しそうにしています。ときどき母もウクライナの民謡を披露することがあります。私が言うのも何ですが、母はとても歌が上手です。

じつは母は、子供の頃、アコーディオンが大好きで音楽を勉強したかったそうです。でもアコーディオンはバンドゥーラ以上にすごく高価です。祖父母が自分たちの家を売ってアコーディオンを買おうと話しているのを聞き、諦めてしまったと言っていました。

母は、そのことがあってから家族の生活を犠牲にしてまで音楽の道へ進むことはできないと思い、音楽学校の試験にわざと落第したと言います。

母はよく、そのときのことを話してくれます。

「家を売らずに済んでよかったわ。その分、カテリーナが音楽の道に進んでくれたことを、ママは誇りに思っているのよ」

私がバンドゥーラ奏者になったのは、母の夢を果たすためでもあったのです。

PART 2

ウクライナ女性のファッションと美容

近所に買い物、ゴミ捨てに行くときも
きれいにメイクするウクライナ女性たち

あなたは近所のコンビニに買い物に行く場合、どこまで身支度を整えて出かけますか？

ウクライナの女性は、つねに人からどう見られるか、意識しています。人から見られるなら、きれいだと思われたい。

その気持ちが強いので、たとえ近所のスーパーにちょっと買い物に行くときや、朝、ゴミ出しに行くときでさえ、ちゃんとシャワーを浴びて、ヘアスタイルを整えて、化粧をします。

この話を日本人の女性たちに話すと、「え？　そこまで完璧にメイクして出かけるの？」と、驚かれます。

ましてや、すっぴんでは近所でも絶対に行きません。家から歩いて5分ぐらいの近い距離でも、ちゃんと化粧をして、きれいな服を着て行くのです。

私には今もウクライナに住んでいる2人の姉がいます。私がまだ高校生の頃、ウクライナのマンションに家族で住んでいたときの話です。

姉は仕事のない休日でも、朝起きるといつもきれいにメイクをして、お洒落《しゃれ》な服に着替えていました。私はそんな姉を見て、

「どこかに出かけるの?」と聞くと、姉は笑って、

「今のところ出かける用事はないけれど、誰かから電話がかかって来たら、すぐ外に出られるように準備しているのよ」

と答えるのです。私は不思議に思い、

「でも、どこにも行かない可能性もあるじゃない?」

と言ったら、姉は私をまっすぐ見つめて、こう言いました。

「別に誰かのためにきれいにしてるんじゃなくて、自分のために美しくいたいの」

姉の言葉は、ウクライナの女性の気持ちを代弁していると思います。

でも、そう考えると「化粧しないと自分は美しくないの?」と言われそうですが、「人からきれいに思われるような自分でいたい」という思いが強いのかもしれません。

私の姉は、ウエイトレスの仕事をしていたこともあり、平日は毎朝4時に起きて、出かける6時までの間、いつも念入りに化粧をしていました。

朝の支度に関して、ウクライナでは日本とは少し違う習慣があります。それは朝、シャワーを浴びて髪を洗う女性が多いことです。

朝シャンなら、日本でもよく聞かれますが、ウクライナの女性は化粧を先にすませて、洗面台で頭だけ下げて化粧にかからないように髪を洗うのです。

まず最初に、時間をかけてきれいにメイクをしてから髪を洗って、時間をかけてセットして出かけます。

お風呂は朝と夜の2回という人も多いのですが、朝はさわやかな香りのグレープフルーツのバスジェルでお風呂に入る人も多いです。

私は姉が化粧をする姿を見るのが好きでした。姉は長いまつげにマスカラを丁寧につけていました。ドライヤーできれいに髪形をセットすると、寝起きの顔とは違い、きらきら輝いて見えました。

そのときは、「化粧するために2時間も必要かな?」と思っていましたが、姉にしてみるとそこまでしっかり準備しないと、自分の美しさに納得できないのです。完璧過ぎるくらいでないと落ち着かないのでしょう。

それが戦争前のウクライナの女性たちの美に対する意識でした。

コロナ禍になって、ありのままの美しさを見直すように

ウクライナの女性はいつでも美しくありたい、という気持ちが強いので、美に対しては徹底していました。

眉毛にタトゥーをしたり、まつ毛にエクステをしたり、美容整形で唇にヒアルロン酸を注入したり。なかには鼻を高くしたり、豊胸手術を受ける友人もいました。

でも、ここ最近は世界中がコロナ禍に見舞われて、ウクライナの女性たちの美意識も少しずつ変わってきたように感じます。

一生懸命メイクをしたり、洋服を着飾るよりも、

「自然なままでいたい。神様からもらった美しさでいたい」

という人たちが増えています。

コロナ禍の時期は、出かけることも減り、仕事ができる場所も減りました。人前に出る機会が少なくなったことも大きかったと思います。

もともとウクライナの女性は、完璧主義でけっこうやり過ぎてしまうところがあります。本来なら、ありのままでも十分なはずなのに、メイクするなら完璧に美しくなりたい、と思う気持ちが強いので、先にも話したように美容整形に走るケースも多かった気がします。

ただ、コロナが下火になり、一方でロシアによる侵攻で戦争が始まってからは、メイクなどで美しさを追求するよりも、まずは健康でいること、この世に生まれ落ちたままの姿で力強く生きることに、心がシフトしていったように思います。

よく取材などで「ウクライナの女性は世界で一番美しいと言われることを、どう思いますか？」と聞かれることがあります。

確かにウクライナには、私からみても思わず「ハッ」と目を見張るような女性がたくさんいます。

それはウクライナの国の歴史を話すと、説明できると思っています。ウクライナは今、戦争の渦中にありますが、歴史を紐解《ひもと》いてみても過去にもいろいろと戦争がありました。

西ヨーロッパとロシアに挟まれたウクライナは、第二次世界大戦でも、それ以前もさまざまな戦争に巻き込まれ、他国の支配下にもありました。ソ連時代はロシアに次ぐ第2の共和国としてソ連邦を支えたのです。ウクライナが独立宣言をし、独立国となったのは1991年のことです。

これらの歴史のなかで、いろいろな国の人と混ざり合い、ウクライナと別の国のハーフやクォーターの人がたくさんいるのです。それゆえ、女性ばかりではなく、男性も美しい顔立ちの人が増えていった、と言われています。

今でもウクライナには、ウクライナ人とロシア人のハーフやクォーター、ベラルーシ人とのハーフの人がたくさんいます。家族や親戚がロシアなどの隣国で暮らす人もいます。美しいと言われるウクライナ人のルーツをたどっていくと、隣国との関係は切っても切り離せません。

いろいろな国の血が混ざっている人たちが多くいるウクライナだからこそ、戦争によって血のつながりがある人たちが引き裂かれている現実が悲しくて仕方ありません。

かわいくいなければ、が絶対だった10代

美しくありたいという意識が強いウクライナで育った私は、じつは12歳になる頃には普段から化粧をするようになりました。

これには理由があって、私は7歳からドイツなど海外のステージに立って歌ったり、踊ったりする活動を始めていました。その当時からステージ用のメイクをしていたこともあり、ステージがない日もマスカラをつけたり、ネイルをしたりして、いつもきれいにしていなくては、という思いが芽生えていました。

同年代の女の子たちも同様で、12歳にもなるとお化粧をする子たちが増えていきました。日本で言うなら小学生の女の子たちが、お化粧をして学校に行くようになるのです。

なかにはお化粧をすることを許さない友だちの親もいました。私の家では姉がいたこともあり、母が寛容で、私が化粧をすることを許してくれていたので、マスカラをして学校に行ったりしていたのです。

もちろん学校によっては校則が厳しいところもあったのですが、私が通っていた学校は

制服もなく、お化粧なども自由な校風だったのです。

私が小学6生の頃、こんなことがありました。私がお化粧をして学校に行ったとき、学校でも厳しくて有名な先生に目をつけられてしまったのです。

その先生からは何度か、「学校には化粧をしてこないように」と注意されていましたが、それでも化粧をして学校に行くと、

「カテリーナ、何度注意したらわかるの！　みんなの前で顔を洗ってあげるよ」

と言うのです。でも、私は、

「うちの家族は化粧をすることにOKを出してるので、大丈夫です！」

と言い返す。そんなやり取りがあったことを思い出しました。

日本ではなかなかない光景だと思いますが、ウクライナでは11、12歳ではもう普通に化粧をして、アイラインもマスカラもしっかり塗って、口紅もピンクや赤など、けっこう派手に化粧をする子たちが増えていたのです。

今思えば、化粧なんかしなくても、年相応に十分、かわいらしい年代の女の子たちでしたが、とにかく自分の年齢よりも上に見られたかったのです。

大人っぽくなりたかったので、フリルがあって子どもっぽく見える服は選ばず、自分の身体のラインが出るような服ばかりを選んで着ていました。

ちょっと下着が透けて見えるようなシャツを着て学校に行ったこともあります。中学校も高校も制服がなかったので、そのあたりは個人の自由でした。

また、服を大人っぽくし過ぎると、足下がスニーカーでは合わないので、ヒールのついた靴を履くようになります。12、13歳からミニスカートにヒールを履いて化粧をしていると、まったく小学生には見えません。なかには小学生でも身長が170センチもある女の子もいたので、たぶん18、19歳くらいに見られていたと思います。それくらいウクライナの若い女の子たちは、背伸びをして自分の年齢よりも年上に見られたいという意識が強かったのです。

学校の中のヒエラルキーが上の女の子たちは、化粧をして大人っぽい服装をしている子たちばかり。それだけ派手な格好をしている子たちは、親の経済レベルも高かったように思います。

日本でも、ギャルみたいなファッションをする子や真面目に制服をきちんと着てる子がいたように、ウクライナの中高生たちも派手でお洒落な服装をしている子たちと、親が厳しくて化粧もしないで普通の格好をしている女の子たちがいて、グループは分かれていました。

結局、学校では仲良しのグループを作って、そこに属していないと居づらい雰囲気になります。自分の親がそこまで派手な服を買ってくれない家の子だと、同じグループ内の友だちと服の貸し借りをしていました。

私の家は、子どもに服をじゃんじゃん買い与えるほど裕福でもなかったので、洋服をたくさん持っている友だちからワンピースを借りて学校に着て行ったりしていました。でも、それに関しては、「友だちとの貸し借りはトラブルの元。やめなさい」と母によく怒られました。

とにかく背伸びして、早く大人になりたかった12歳の私。20歳を過ぎれば、今度は「若く見られたい」とあれこれ苦心することになるのですが、そのあたりの複雑な心理はウクライナの女性も日本の女性も同じかもしれません。

ウクライナは日本よりも流行に染まる

私が音楽活動の拠点を東京に移そうと再来日したのは2006年、19歳の時です。その年は、イタリアのトリノで冬季オリンピックが開かれた年で、表参道ヒルズがオープンした年でもありました。ファッションでは、マリンルックが流行り、若い女の子たちはみんなカチューシャをしていました。

かと思えば、歌手の倖田來未《こうだくみ》さんのセクシーな衣装やスタイルを真似た同世代の女の子たちを街中でたくさん見かけました。

日本に来たばかりの私の目には、日本の若い女の子たちの流行やファションはとても自由でバリエーションがある、という印象でした。

ウクライナの場合は、日本ほどファッションブランドが豊富にあるわけではないので、流行のスタイルがどうしても被《かぶ》ってしまうのです。

ひとつのブランドが流行すると、皆が同じ洋服を買うので、街中でも、「あの子もこの子も、同じTシャツを着てる！」ということがよくあります。

気がつけば、色もデザインもまったく同じコーディネートになることもよくあり、どこのショップで買ったのかもすぐバレてしまいます。

日本では仲の良い友人同士で、あえてお揃いの服を着る「双子コーデ」がありますが、ウクライナでは意図せずとも、双子、いえ三つ子コーデになることはしょっちゅうありました。

また、この話をすると日本の方々は少し驚くのですが、ウクライナでは他の人たちと違う奇抜なファッションをすると、すごく変な目で見られてしまいます。

例えば、日本ではスニーカーの紐の色を左右で黄色と緑にしてみたり、靴下もあえて左右の色を変えてみたり、あえてボロボロのダメージ・ジーンズを穿《は》くことがかっこよくてお洒落なスタイルになっていますが、ウクライナではこのように一人で目立ってしまうことを嫌います。

みんなが着ている洋服のスタイルに合わせて洋服選びをします。ですから、私がウクライナにいた頃は、みんなが同じブランドの服を着ていました。

でも、みんなが本物のブランドの服を着ているというわけではありませんでした。ウクライナでも田舎の地域ではブランドものを扱うショップもなかなかありません。そうなると、本物のブランドに似せた「なんちゃってブランド」の服が、どこのショップにも置いてあったりするのです。

それだけブランドファッションに強い憧れがあり、奇抜なファッションよりも、みんなと同じスタイルでいることに安心するのです。

ウクライナの女性は、ファッションに関しては日本より保守的な傾向があるように思います。

日本は高校生まで制服で過ごすことが多いですが、ウクライナには制服文化がありません。その点、服装は子どもの頃から自由なのですが、「自由」と言われると逆に人の目を気にするものなのかもしれません。

徹底してダイエットに励むウクライナ女性たち

ここまでお話ししてきたように、ウクライナの女性は美に対する要求が高いのです。

「もっと目が大きく」「もっと鼻を高くしたい」など、自分の足りないところに目を向けて、お化粧を研究したり、ときには美容整形をしたりします。

それは体形に対しても同じです。

ウクライナの女性たちの理想は、胸とおしりはボリュームがあっても、それ以外の手足は細いスタイルを求めます。

体重の増減にも敏感で、毎朝、体重計に乗っては、

「大変、1キロ太っちゃった。今日はランチ抜きにしよう」

など、ダイエットに関してはどの女性たちもストイックに頑張っていました。

私から見ると、十分、細くてスタイルがいい女性たちも、「もっと細く、もっと美しく」と、食事制限している女性たちが多くいました。


私はというと、じつは10代の頃からぽっちゃり体型だったので、手足が長くて細い女性にずっと憧れてきました。

ダイエットもしましたが、もともと食べるのが大好きな性格なので、つい美味しい食べ物の誘惑に負けて、ダイエットは続きませんでした。

ウクライナの女性のほとんどがダイエットをしている理由が、じつはもうひとつあります。それは、子どもの頃から新体操やダンス、フィギュアスケートをやっている子、モデルになりたい子が多かったからです。

オリンピック選手になれば生活は一生安定します。そういうこともあり、オリンピックやプロ選手を目指しているような子どもたちは、太らないようにしっかり食事制限していました。

そういう子は子どもの頃から、夜6時以降は水を飲む以外、絶対に何も食べないという生活を続けていたのです。

ウクライナ女子に欠かせない、天然パック

日本に来て驚いたことのひとつは、美容に関するアイテムがたくさんあったことです。メイク道具もそうですが、基礎化粧品にあたる化粧水、乳液、美容液、美容パックなど肌質別や年代別にたくさんの種類があります。

パッケージもかわいいデザインのものがたくさんあり、中高生時代、日本で過ごしたらどんなに楽しかっただろうと思います。

ウクライナにも化粧品はありますが、美容パックはほとんどありませんでした。しかし、ウクライナ女性はスキンケアに関しては意識が高いので、どうしたかと言うと、寝る前にヨーグルトを顔に塗ったり、薄く切ったキュウリやリンゴを顔につけてパックをしていました。

また、私がウクライナにいた時期には、日焼け止めクリームがあまりお店にありませんでした。日焼けしたくない女性たちは皆、サワークリームやヨーグルトを顔や手足に薄く塗っておくのです。そうすると、日焼けしてしまっても肌が赤くならないし、ヨーグルトやサワークリームの油分やビタミンを吸収して肌がなめらかになる、と信じて、若い女性たちは皆、自然素材のモノをスキンケアとして活用していました。

日本の夏は酷暑で蒸し暑いですが、ウクライナは湿気があまりないので蒸し暑くなく、カラッとした暑さです。

私は子どもの頃から外で活発に遊ぶのが大好きだったので、夏は日に焼けて真っ黒になっていました。ですから日焼け止めというより、ほてった肌を鎮めるためにヨーグルトをよく塗っていました。

ただし、このやり方はあくまでもウクライナ流です。我流なので、お肌が敏感な人にはおススメしません。ヨーグルトも市販の砂糖が入ったものではなく、手作りの天然成分100パーセントのヨーグルトでした。

また寝る前の天然パックと同じくらい女子の間で流行ったのが、寝る前に髪を洗ったら、髪の毛にミニカーラーをくるくる巻き付けてそのまま寝ること。朝起きると、パーマをかけたように毛先がくるんとなって、すごくかわいくなるのです。

くるくる巻きになった髪の毛をポニーテールにしたり、ふたつ結びにするだけでも、キュートな雰囲気になります。

ただ巻き方が悪いと、逆に変な癖がついてしまい、朝起きたら頭が大爆発したようになって、私もよく姉たちから笑われていました。

もっときれいになりたい、という気持ちがあるがゆえに、姉たちがやっていることを見よう見まねで試していた少女時代を、今ではとても懐かしく思い出します。

欲しいものは自分で手作りする

ウクライナの学校では授業でミシンの使い方を教わったあと、自分のカバンや小物入れ、エプロンや洋服など一通り作れるように実習があります。

日本でも家庭科の授業で習いますが、ウクライナでは身の回りの物を自分で作れるようにしっかりと学んでいきます。

ミシンの使い方を学ぶと、女の子たちは自分が欲しいものを作るようになります。

私はミシンでワンピースを作ったり、スカートを作ったりするのが大好きでした。なぜなら我が家は私の上に3人の姉がいたので、洋服のほとんどが姉のおさがりだったからです。

長女は当然、親から新しい洋服を買ってもらっていましたが、そこからすぐ下の姉におさがりがきて、４人目の私に回ってくる頃には、当然ながらそのときの流行とはデザインが微妙にずれています。

また着古した洋服は色が褪《あ》せていたり、裾がほつれたり、ボタンが取れたりしているものもあり、私としては着ていてもテンションが上がりません。

ミシンが使えるようになってからは、親に頼んで好きな生地を買ってもらい、ワンピースをよく作ったりしたものです。

仲の良い友だちと同じデザインで色違いのスカートを作って学校に着ていったときは、クラスの子たちに、「いいな、かわいい！」と褒められて、すごく嬉しかった記憶があります。

また、アウトレットのようなお店で安く服を買って、自分好みに刺繍《ししゅう》を入れたり、ボタンを付け替えたりアレンジすることも流行っていました。

アウトレットのお店には古着もたくさんありましたが、なかにはまだ値札のついた新品もあって、そういう掘り出し物を見つけては、自分流にアレンジしてお洒落を楽しんでいました。

学校ではミシンだけでなく、料理の授業もありました。日本の学校でいうところの調理実習です。

ウクライナの伝統料理であるボルシチなど、基本的な料理は学校でも習うので、女性たちは生活の中で必要な調理や家事、裁縫などは一通りできるようになります。

もちろん男性たちも家庭科の授業では、料理を作ったり、木を切ったり、棚を作るなどちょっとした日用品などは自分で作れるように学びます。

ウクライナでは日常生活で活かせる家事全般をしっかり時間をかけて学びます。やはり子どもの頃に身につけたことは大人になっても忘れません。

今でも料理を作るのは大好き。本当にストレス解消になります。時間があれば、ミシンで洋服も縫いたいな、と思うときがあります。

最近では息子が小さいときに通学バッグを作ったくらいですが、ウクライナの女性はショッピングも大好きですが、自分が着たい洋服を縫うのも好きだと思います。

キーウの街角にて（2023年7月30日）（本書124ページも参照してください）

PART 3

ウクライナ女性たちの恋愛と結婚、子育て

この章ではウクライナの女性たちの恋愛・結婚、子育ての考え方を通じて、強く美しいと言われるウクライナの女性たちの姿をお話ししていきます。日本の女性たちとの価値観の違いなども知っていただけたらと思います。

出会って2週間でプロポーズされて結婚

まずは私の結婚についてお話しします。

私がウクライナの音楽学校を卒業して、日本に来たのは2006年、19歳のときです。それから3年後の09年には日本人男性と結婚しました。交際を始めてたったの2週間での電撃結婚でした。

当初はバンドゥーラ奏者として日本で活動するつもりで来日しましたが、日本語ができないことには仕事も生活もできないため、まずは東京で日本語学校に通うことにしました。都内の高級寿司店でアルバイトをしながら生活費を稼ぎ、日本語学校に通って勉強しながら、時間ができるとバンドゥーラのライブ活動をする毎日でした。

最初のうちは冷蔵庫も洗濯機もない部屋で、生活するのもやっとでしたが、今思えば、夢と希望にあふれた日々で、当時の苦労も楽しい思い出です。

来日した当初は学生ビザで来ていたので、2年で修了の日本語学校を卒業してしまうとビザが切れてしまうことになります。

ここで一度、帰国するか、日本の音楽大学に入ってまた勉強するか迷っていました。そこで出会ったのが、私よりも17歳年上の今の夫です。

彼はウィーンの音楽大学でクラシックのパーカッションを勉強していました。出会った翌年の09年正月に、彼からウィーンのオーケストラのニューイヤーコンサートに誘われたのです。

彼からチケットをもらったので、私は友人を誘って、コンサートに行きましたが、コンサート終了後にオーケストラのメンバーとの食事会に誘われ、そこで交際を申し込まれて正式にお付き合いすることになりました。

出会ってすぐだったので、正直、お付き合いするか迷う気持ちはありました。でも、ここで断ってしまったら、さすがにあとになって「やっぱりお付き合いしたい」とは言えません。

迷っているのだったら、断る前にとりあえず1回OKして、実際に付き合ってみて相性が悪ければ、「やっぱり考えてみたけど、ごめんなさい」と言ったほうがスムーズかな、と思ったのです。

交際がスタートしたとき、彼は音楽大学を卒業しIT系の会社に勤めていました。私はこのまま帰国するか、バンドゥーラ奏者として活動するために音楽学校に入学するか悩んでいたので、彼に相談すると、

「本格的に日本で活動したいのなら、このまま日本に残ってやりたいことをやればいい」

とアドバイスをもらい、もやもやした気持ちが吹っ切れたのです。

ただ現実問題として、ビザが切れたら日本にはいられません。そのことを彼に話すと、「結婚しましょう」とプロポーズされたのです。交際スタートからわずか2週間後のことで、最初は冗談かと思っていました。

すると彼から、

「僕は今すぐウクライナに行くことはできないけれど、ビデオ電話でご両親に結婚のための挨拶をしたいので通訳してください」

と言われて、当時はまだ生きていた父と母と、ビデオ通話で対面することになりました。最初は両親が驚いて反対するのでは、と心配しましたが、「どうぞ、どうぞ。反対してもあなたは言うことを聞かないでしょ」と、笑って結婚を許してくれました。

結局、結婚して14年になりますが、あのとき交際を断っていたら、もちろん彼とは結婚していなかったし、息子も生まれなかったし、日本にもずっと住んでいなかったと思います。

すべてはご縁でつながっていたのだと実感しています。

ウクライナの離婚率が世界で2番目に高い理由

じつはあるデータによると、ウクライナは世界で2番目に離婚が多い国です。ちなみに離婚率世界1位はロシアと言われています（最近のデータでは9番目のようです。World population review 2022）。

「美しい女性が多いと言われている国なのに、どうして？」

と思われた方もいるでしょう。

ウクライナでは、なぜ離婚率が高いのでしょうか。

それは、結婚後に生活パターンが大きく変わることが原因です。ウクライナの女性たちは若くて美しいときに結婚しても、出産してから育児と家事に追われる生活が続くと、ストレスが重なることもあり、どうしても太ってしまう傾向にあります。

また出産してからは子育てがメインの生活になるので、自分の身なりにかまう時間が少なくなります。出産前には、毎日お化粧をして身ぎれいにして、太らないように食事に気を遣っていたのが、出産後は自分のことははっきり言って二の次、三の次。そうすると、若い時と比べたら、当然、見劣りしてしまうのは、仕方がないことです。

本来なら、旦那さんの側もそのあたりを理解してほしいところですが、現実はそうではなく、もっと若くて美しい女性に目を向けてしまうのです。

ここまではどこの国でも起こりうるケースかもしれません。でも、ウクライナの女性たちの多くは、そこから先が違うのです。ウクライナの女性は、若い女性と浮気する旦那さんが自分のところに戻ってくるように、身なりに気を付けるようにする、という行動をとるのではなく、

「なぜ、私を残して他の女のところに行っちゃったの！」

と嘆いて、もっともっといっぱい食べて、飲んでしまうのです。

落ち込んでいる間は誰とも話もしないで、ひたすらやけ食いをしてしまいます。

「あなた、何やってるの！　目を覚ましなさい」

と友人たちに言われて、そこからやっと前向きになって頑張っていく女性ももちろんいます。でも多くのウクライナ女性たちは、

「私はもう何もできない。それでも彼が好き。子どもがいるから、きっといずれ私のところに帰ってくるはず」

という受け身な考え方になってしまうのです。


そこからは、自己肯定感もどんどん下がってしまい、旦那さんをなじったりして、夫婦喧嘩がエスカレートしていきます。

なかには旦那さんがお酒を飲んで奥さんに暴力を振るったり、結局、家に帰って来ないことが多くなってしまうのです。

このような状況になって離婚に至るケースは、コロナ禍ですごく増えました。やはり仕事がなくなったり、家から外に出なくなり、夫婦が家で24時間ずっと顔をつき合わせていると、しなくてもいい喧嘩も増えます。お互いに「こんなはずじゃなかった」と思うことも増えていきます。

結局、若い女性に走って家に戻らなくなった旦那に愛想をつかして離婚、というのが、世界で離婚率第2位の理由だといえます。

しかし、ウクライナ侵攻が始まってから、ウクライナの結婚事情は変わりました。

離婚率はあいかわらず高いのですが、戦争が始まってから、ウクライナの結婚率がぐんと上がったのです。

首都キーウでは、2022年の5か月間で9120件の婚姻届が提出されたと聞きます。その数は2021年と比べて8倍以上も増加したとニュースで報じられました。

結婚が増加したのは、戦時下となり将来が見えない不安から、交際中のカップルたちが「結婚」という形で強い絆《きずな》を結ぼうとした結果だと思います。

その気持ちは、同じウクライナ人として痛いほどわかります。

「恋人が明日、兵役に行くかもしれない。そうしたら二度と会えないかもしれない」

そう思えば、結婚して家族になりたい、と思うのは当然でしょう。

ある日本の方から、こんな話を聞きました。

「日本も戦争をしていた時代は、若い男女が戦争に行く直前に結婚するケースも多かった。今の日本の平和な状況では考えられないが、明日をも知れない命を目の前にすると、純粋に愛する人と一緒になりたい、と思う気持ちが強くなるのでしょう」


日本では今のところ、戦争に巻き込まれる危険性が高い状況ではありません。愛する家族やパートナーと「明日、生きて会えないかもしれない」と想像することもないでしょう。

それはとても幸せなこと。でも、それが当たり前ではないのです。


その一方で、ウクライナでは、結婚という契約に縛られない女性たちも増えたように思います。とりあえず一緒に住んでみてから「結婚するかしないか考えよう」というカップルは多いです。

それも何年も一緒に住んでいて、婚姻届も出さず事実婚のようにしているケースも増えました。何か2人の間で問題が起これば、いつでも追い出していい、という考え方の女性も増えたのかもしれません。

ただ、それも子どもがいない場合です。やはり子どもができると、「子どものために籍を入れましょう」というカップルはとても多いです。

男女2人のときは互いに自由でも、子どもができると「家族を守る」という考え方になるのは、ウクライナ女性の特徴なのでしょう。

ウクライナの女性が、強く美しく生きていける理由

ウクライナの女性は、世界のなかでも美しい女性が多いと言われますが、じつは美しいだけでなく、かなり精神的に強いと言えます。

それは、どんな時でも何があっても、一人で何でもできてしまうからです。例えば一人で子どもを育てることができるし、家を建てることもできてしまう。美しくありながら、強く生きることができるのです。

自分で何でもできてしまうので、男性は、「僕は何のためにいるの？　あなたは一人で

も生きていけるね」と思ってしまうことが多いので、結果的に離婚率も高くなるのかもしれません。

ではなぜ、ウクライナの女性は強く生きていけるのでしょう。その理由のひとつとして、田舎で育った女性の場合、家で牛や豚、ニワトリなどを育てながら、食べるために自分自身で家畜を解体して、食用のお肉として調理することを子どもの頃からできることも大きな理由でしょう。

これらの作業は田舎暮らしのウクライナの女性たちのほとんどができるので、別に男性がいなくても、生活して食べていけるのです。

さらに田舎から都市に出てきた女性たちの多くは、働いたお金で田舎の土地を買うパターンが多いです。

都市にアパートを持ちながらも、自分の畑で農作物を育てたり、動物たちを飼いながら、都市と田舎の二拠点で生活をしているケースが多いのも特徴です。

ウクライナは物価が高いこともありますが、会社での稼ぎとダーチャで野菜や鶏肉などの食料を作り、より生活を安定させたいという考え方があるのです。

ちなみに、ウクライナの平均的な給料は、ウクライナの通貨フリヴニャで1万から1万6500です。日本円にすると大体4万円から6万5500円ほどになります。

ウクライナでもマクドナルドは人気ですが、戦争前にはビッグマックは69フリヴニャ（＝273円）でしたが、現在は92フリヴニャ（＝364円）ほどに値上がりしました。

家賃に関していうと、例えばキーウでは場所にもよりますが、一か月5000フリヴニャ、日本円で大体2万円からです。しかし、この家賃だと部屋の状態はあまりよくありません。


もちろん、なかにはお金持ちの男性と結婚して、玉の輿《こし》のようなセレブな生活を夢見るウクライナ女性もいますが、基本は、

「男性には依存したくない。自分の力で生きていけるようになりたい」

と考えているのです。

結婚して男性に養ってもらうというより、自分一人でも生きていくための稼ぎや食糧、環境をできるだけ手に入れて、結婚して子どもができても旦那だけに頼らずに生活できる

ようにしておきたい、と思う気持ちが強いのです。

そこが逆に、「ウクライナの女性は強い」と言われる所以《ゆえん》で、一人でも生きていける強さがあるがゆえに、旦那が浮気をしたり、自分や子どもたちを大事にしなかったりしていると、旦那を家から追い出して離婚、となることが多いのでしょう。

感情豊かで愛する男性に惜しみない愛情を注ぐ情熱的なところがある反面、とても現実的で生き抜く力も強いのがウクライナの女性たちなのです。

ウクライナでは2歳まで母乳で育てる

ウクライナと日本の子育ては、妊娠中の過ごし方から異なります。妊娠中の体重管理について、日本では「体重は増えすぎないように。食べ過ぎに注意しましょう」と指導されることが多いのですが、ウクライナではそこまで厳しくありません。

私は日本で出産しましたが、臨月で食欲が増して体重が増えてしまったら、

「出産のときに大変なので体重はこれ以上、増えないようにキープしてください。そうじゃないと赤ちゃんが大きく育ちすぎて、産むとき大変ですよ」

と厳しく注意されました。

ウクライナでは、そこまで厳しく体重制限されることはなく、生まれた赤ちゃんが3000グラムを超えることもざらにありますし、4000グラムでも自然分娩で出産しています。

ウクライナの妊婦さんは食べたい分だけ食べています。

「お腹の赤ちゃんと2人分食べてるからいいのよ」と冗談のようによく言っています。

さらに、妊娠中は食欲が増すだけでなく、「無性にイチゴが食べたい」など、普段とは違う食欲ゾーンになります。

そういうときは、夜中だろうと旦那さんを起こして、

「今から買いに行ってきて」

「え？　今はイチゴの時期じゃないから無理だよ」

「だから私が食べたいんじゃなくて、お腹の赤ちゃんが食べたいの」

とお願いしたりします。旦那さんは大変ですが、何とか妊娠中の奥さんの要望に応えようと頑張ってくれます。

ちなみに、私も同じように妊娠中に夫に、「イチゴが今すぐ食べたいの！」とお願いしたことがありましたが、

「もうお店が閉まってるから買いに行けない。明日まで我慢して」

と言われてしまいました。

まあ日本人の旦那さんでも、夜中に買いに走ってくれる人はいるかもしれませんが、きっとこれが現実だと思います。

私の場合は、生まれた赤ちゃんは３６９８グラムで、結局、帝王切開をしました。医師から「赤ちゃんが育ちすぎて、自然分娩では無理」と言われたからです。

その話をウクライナにいる姉に話したら、「私のときは、４２００グラムだったけど、自然分娩よ」と笑っていました。

出産のときは、ウクライナでも旦那さんが一緒に立ち会い出産するケースが増えました。奥さんの手を握って、出産を応援するのはウクライナも日本も同じです。

また、日本でも「母乳で育てよう」という考え方が根強いですが、ウクライナでは昔から「2歳まで母乳で育てるのは当たり前」という考え方があります。

やはり母乳でできるだけ長く育てることで、健康的な強い子どもに育つ、ということが当たり前の考え方として認識されています。

日本では「母乳神話」があるものの、私の周辺のママたちを見ると、「母乳で育てるのは1歳まで」というのを一応の区切りとして「卒乳」させるケースが多かったように思います。

これには別の理由があります。日本の場合は、働いている女性の産休や育児休業の期間を1年間とするケースが多く、職場復帰と同時に子どもを保育園に預けることから、そのタイミングで母乳を卒業させるわけです。

その点、ウクライナでは生まれた子どもをすぐ預けて職場復帰するママたちは少なく、2歳くらいまでは子育てに専念します。必然的に、無理して母乳をやめさせる必要もありません。

部屋の中で遊んでいた2歳児が、ママのところに来て、「ママ、おっぱいちょうだい」と要求すれば、ママは拒否せず、子どもに母乳をあげている光景が当たり前に見られます。

なかには、「子どもが、自分からもうママのおっぱいはいらない、と言う6歳まで母乳で育てていた」というママもいたくらいです。

2歳にもなると、さすがに母乳だけで育てているわけではなく、幼児用の食事がメインになります。

母乳は栄養面というより、眠くなったり、不安になったりするとおっぱいが欲しくなる心理が子どもにあるので、与えているのだと思います。

1歳までは栄養面から、それ以降はママと子どものスキンシップもかねて、ウクライナの子育てに母乳は欠かせないものなのでしょう。

ウクライナにいる姉たちの子どもも、2歳半くらいまでは母乳で育てていました。周囲の人が「もう母乳は終わりにしたほうがいいんじゃない？」と言ったとしても、「無理にやめさせると子どもがずっと泣くのよ。ほしいならまだ母乳は出るし、やめるタイミングは子どもに任せて自然体でいいんじゃない。私も今すぐやめるのは寂しいしね」と、とくに田舎で子育てしているウクライナ女性の多くが、このように答えます。

子どものため、と言いながら、ママたちのほうが乳離れさせるのは寂しい、と感じているのかもしれません。

〝おんぶ紐〟を使わないウクライナのママたち

ウクライナの若い女性たちは、皆さんすごく手足が細くて長く、スタイルが良くてきれいです。美意識が強いので出産してからもスポーツをやったり、ジムに通ったりして、スタイルをキープしようと努力をしています。

もちろんこれは日本の女性たちも同じだと思います。

ただ日本とウクライナで生活習慣の大きな違いがあります。それはウクライナでは床に座って食べる習慣がないことです。

日本だと日本間に低いテーブルがあって、そこに座って食べることもあるかと思いますが、ウクライナでは子どもの頃から椅子に座って食事する文化で育ってきています。

よく「椅子に座らないで正座したり、横坐りする習慣があるとO脚やX脚になる」と言われていますが、確かに子どもの頃からの生活習慣が影響することはあるかもしれません。

また、ウクライナでは生まれた赤ちゃんを〝おんぶ紐〟で背負う習慣がありません。ウクライナの女性たちは、「おんぶ紐を使っていると、子どもの脚が少しずつ曲がってO脚になる」と信じているところがあり、〝おんぶ紐〟や〝抱っこ紐〟は使わず、移動はいつもベビーカーを使います。

もちろん紐を使わず抱っこすることはありますが、〝おんぶ紐〟を使うと、お母さんも背中が痛くなるし、子どもの脚もO脚になるという心配があるので、そもそも抱っこをする習慣があまりないのです。

ただ、私自身は日本で結婚して出産し、子育てをしていましたので、しっかり〝おんぶ紐〟派でした。脚の変形の心配より、子どもをおぶったほうが両手が空いて、家事や仕事がしやすかったことと、子どもをおんぶしていたほうが、子どもも安心してすやすや寝ることが多かったからです。

出産後、できるだけ早くコンサートの現場に復帰したかったので、子どもが4か月のときからおんぶ紐で子どもを背負って、演奏の現場に連れていきましたし、演奏以外のリハーサルのときは、いつも子どもをおぶって参加していました。

子どもを抱っこするウクライナ女性

子どもが7か月の時、北海道の演奏ツアーに参加できたのも、おんぶ紐で子どもをおぶって移動できたからだと思っています。

多分そうしていなければ早い現場復帰はできなかったと思っています。

ウクライナでは、おんぶの習慣がない分、仕事の復帰までは時間をかけています。産休・育休期間をたっぷりとって、時間をかけて子育てしています。

子どもがしっかり一人で歩けるようになるまでは、仕事を休んで子育てに専念しているように思います。

もちろんどちらがいいか、悪いかではなく、子育ての価値観の違いと、おんぶに対する思い込みがあるからだと思います。

ちなみに、おんぶ紐でおんぶされながら育った息子の脚はO脚ではなく、まっすぐきれいな脚のまま育っています。

私はウクライナの子育て中のお母さんたちには、「おんぶ紐は便利よ」と伝えてあげたいと思います。

ウクライナの性教育

ウクライナでは、小学校、中学校の授業の中で「性教育」を行っています。日本でも保健体育の時間などに「男女の身体の違い」や「生理」「妊娠のしくみ」を教えていると聞きますが、ウクライナでは女子も男子も一緒に性教育を受けます。

これは日本の場合は学校や先生によって違いはあるのかもしれませんが、ウクライナでは生理用品の種類や使い方などを、実際にナプキンを見せて子どもたちに教えています。日本ではその場合、女子生徒だけ集めて教えることがほとんどですが、ウクライナでは男女一緒に学びます。

それは男子にも、女子の生理の仕組みやそのとき身体の中でどのようなことが起こっているのか、実際にナプキンを見ることによって、理解が深まり、思春期特有のからかいが生まれないようにするためです。

私が中学校のときに受けた性教育の授業では、避妊について教わり、実際に子どもたちにコンドームが配られました。

男の子たちの中にはふざけてコンドームの中に水を入れて、水風船のようにして遊んだりする子もいましたが、ウクライナでは早い時期から性教育をすることによって、誤った知識を勝手にネットなどから得ないように配慮しています。

ウクライナではこのようにかなり具体的に、実際に生理用品や避妊具を使って説明したり、写真で見せたりして、子どもたちがまだ小さいうちから性教育をしていきますが、日本では抵抗感を抱く保護者も多く、なかなかそこまで実際的な性教育は行われていないようです。


ウクライナの場合は、小中学生でも身体の成長が早く、中学生でも大人のような雰囲気の身体つきの子もたくさんいます。

あとで「何も知りませんでした」と、望まない妊娠などに至らないように、早い時期から性教育をしっかり行っているのです。


私の場合は、姉たちに聞きたくても、姉たちからは「カテリーナに男女の話はまだ早いわ。知らなくていいのよ」と、いつまでも子ども扱いされていました。

そういった年頃になって、知りたくても誰に聞いていいかわからない子どもたちには、ウクライナでは子ども向けの「性教育の本」が年齢別、男女別に出版されていました。

例えば、思春期の女の子の身体についてすべて書かれている本や、男の子の身体の変化について書かれた本があり、それを友だち同士で誕生日にプレゼントするのが当時、流行っていました。

そういう性教育に関する本が10歳から16歳までの年齢別にあったので、親にも先生にもきょうだいにも聞けない悩みであっても、自分に必要な答えを見つけることができたのは大きかったと思います。

私も友だちが持っている本を貸してもらったり、女友だちの家に遊びに行ったときに、親には内緒で、みんなで読んだりしていました。

今の私には思春期の息子がいますが、やはりストレートに性について語り合うのは難しくなってきています。

そこで息子には、

「男の子の身体の変化について、わからないことはパパに聞いてね。もしガールフレンドとのことで迷ったり、悩みがあったらママに聞いてね」と伝えています。

思春期になる前から子どもとは、できるだけ何でも話ができる関係作りをしておくことが大事だと思っています。

これは別に性に関することだけでなく、困った時に助けてくれる人がいる、ということはつねに子どもには伝え続けています。

なかには、「こんなことしたらママやパパに怒られるのではないか」という恐怖心がある子どもも多いと聞きます。友だちにいじめられていることを親に言うのは恥ずかしいと思ったり、身体の変化や性についての悩みなど、大人になる過程では親に言いにくいようないろいろな問題を抱えるようになります。

育つ環境は人それぞれですが、家族同士が何でも話せる雰囲気を作っておくことは、子どもにとって大きな安心感があると思うのです。意識してそういう親子関係を作る努力はすごく大事だなと感じています。

ウクライナの結婚式と宗教のルール

ウクライナの結婚式は、日本のように家族や友だちにお披露目するためというより、宗教的な意味もあって教会で行うことになっています。

大体、2日間にわたって結婚式を行います。土曜日は友だち、家族、ご近所のみなさんを招待してレストランやホテルで1日中、食べて飲んで、楽しんでから、日曜日の朝は全員で教会に行って、神様の前で結婚のためのセレモニーを行うのが通例です。

ウクライナの女性たちは、それほど結婚式の中身にはこだわりはありません。例えば日本のようにホテルで豪華な結婚式を挙げたい、船上で結婚パーティをしたい、海外で挙式したいなど、いろいろなパターンがあるわけではありません。ですから、結婚式をするなら必ず教会で、という希望が強くあるのかもしれません。

ただ前に述べたように、ウクライナは離婚率も高い国です。本来なら神様の前で、「健やかなるときも、病めるときも、喜びのときも、悲しみのときも、富めるときも、貧しいときも、妻を愛し、敬い、慰め合い、共に助け合い、その命ある限り真心を尽くすことを誓いますか？」

「はい」

と神様に誓いの言葉を捧げたら、なかなか離婚しにくいのではないかと思いますが、最近ではウクライナの男女ともに、そのあたりはあまり気にしなくなりました。

離婚して再婚するケースも増えているので、なかには2回目も3回目も同じ教会で結婚式を挙げて、牧師さんも思わず苦笑いしているのかも。

ウクライナの人たちは、神様の前で「一生夫婦として添い遂げます」と結婚を約束したのに、結局、離婚した、と言われるのが嫌なので、離婚しないように努力はします。でも、夫からの暴力がひどい、など離婚したほうがいいような状況になったときには、さすがに「宗教的に離婚してはいけない」と考える人は少なくなりました。

もちろん宗教的に守れることは守りながら、自分の幸せを追求していくのが、ウクライナの女性たちの生き方なのです。

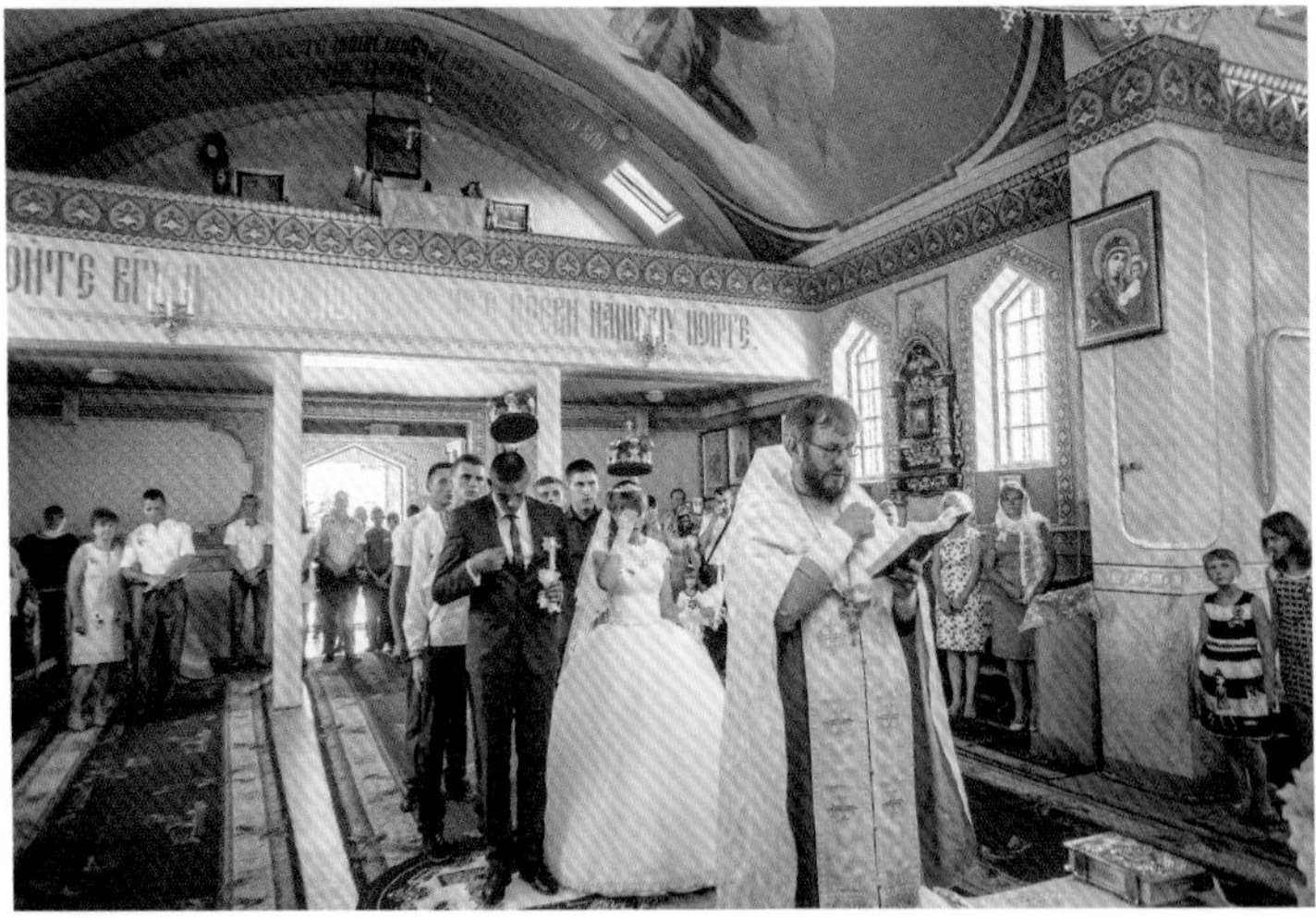

ウクライナの伝統的な結婚式（2016年）

ウクライナでモテる男性の条件とは

ここまでウクライナの女性たちの美しさや強さの話をしてきましたが、ウクライナの男性についても、お話ししようと思います。

これはうちの夫が話していたことなのですが、彼が昔、ウィーンの音楽大学で勉強していた1992、93年の頃、ウィーンからコンサートツアーで、まだソ連から独立してまもないウクライナに来たことがあったそうです。

（※1991年8月24日にウクライナは独立を宣言。同年末のソ連崩壊で独立が達成された）

その時の彼が一番印象に残っているのが、ウクライナの女性たちは皆、手足が長くて細くてスタイルが良いきれいな人ばかりなのに、一緒に歩いているウクライナの男性たちは服装もかっこよくないし、髪形も決まってるわけでもなく、かっこいいと思えなかったということです。

やはり女性たちの美しさと比べると、当時のウクライナの男性たちは野暮ったかったのでしょう。

しかし、現在のウクライナの男性たちは、スポーツをする人が増えて、筋肉の付いたマッチョなタイプが増えました。

スポーツジムに通う人も増え、公園の中にもトレーニングできる機器が設置してあるので、身体を鍛えるトレーニングに精を出している男性が増えた印象です。

身体を鍛えるのは自分自身の健康のためでもありますが、女性を前にして自慢できる肉体になりたいという思いもあるのでしょう。

このようにスポーツができるとか、足が速いなど運動神経が良い若い男性が増えることで、ウクライナの男性も素敵になってきたと実感します。

とくに今回の戦争が始まってからは、身体を鍛えぬいて自分の意思で戦地に赴くウクライナの男性も多くいます。

やはり女性たちも付き合っている男性が鍛え抜かれた肉体だと、守られているという感覚がより増します。

夜道を一人で歩いている女性が男性たちに絡まれていたりすると、別の男性たちが助けに行く光景はよく見かけます。

また、電車やバスの中で素敵な女性を見かけたら声をかけたり、レストランで女性客がいたら扉を開けて自然にエスコートする男性も多くいます。そんなきっかけから会話が弾んで、一緒に食事をしたり、交際に発展して結婚するケースもあります。


日本だったら、いきなり店や道で声をかけられたら警戒すると思いますが、ウクライナでは知らない男性から、

「荷物、持ちましょうか」

「一緒にお茶でもしませんか」

などと声をかけられ、男女の会話が始まることが多いかもしれません。


ウクライナでは、このように鍛えた肉体とやさしい気遣いができる男性は、女性たちからモテます。

私のウクライナの友人たちも、皆、「何かあったら守ってくれる、力強い男性がタイプ」と、口々に言っています。

戦争が始まってからは、力強い男性をとくに意識する女性が増えたように思います。

この先、ウクライナの男性たちも女性たちと同じように「世界でもっとも素敵な男性」と言われる日は、そう遠くないかもしれません。

PART 4

祖国と戦争について

戦争が長引いていることについて

前にもお話ししましたが、私には3人の姉がいます。私と14歳違いの長女は、ウクライナの中央に位置する街に夫と小さな子どもと住んでいます。姉はもう50代になるので、戦争が始まってもウクライナの国から出る、という選択肢は最初から考えていなかったようです。

二番目の姉はずっとキーウに住んでいます。彼女はキーウから一度、150キロ離れた町にある夫の実家に避難しましたが、結局、そこも危なくなって、早めに別の場所に避難しました。

避難した翌日、それまでいた実家の隣の家にミサイルが落ちました。早めに逃げて良かった、と胸をなでおろしましたが、その後、一番上の姉の家に避難したあと、現在はキーウに戻ってきています。

二番目の姉には、ウクライナから出たくないという気持ちと、出たくても出られないという事情があります。いつ軍隊に行くかもわからない夫を一人だけ残してウクライナから出ることは絶対に嫌だ、と言うのです（ウクライナでは戦争が始まってから成人男性は出国することはできない）。

その二番目の姉の娘マーリーカは今、ザポリージャに夫と一緒に住んでいます。ザポリージャという街は、戦火が激しいウクライナ東部地方から離れた場所にあるので、戦争が始まった当初、姉は私に、「そこまで戦争は大きくはならないから大丈夫よ」と話していました。

確かに戦争が始まっても比較的に安全な地域ではありますが、問題は街の中に原子力発電所があるということです。

ザポリージャ原発に爆発物が仕掛けられた、というニュースが流れたとき、私は心配で姉にすぐ連絡をしました。原発が破壊されるなど不測の事態にならないかと心配する私に、「そうなってもこの街から動きたくないの。もちろん毎日、警報が鳴ったり、ヘリコプターが飛んだり、戦闘機が飛んだり、いろいろ不安ではあるけれど、頑張れるところまで頑張る」

と気丈に話してくれました。

ザポリージャへの攻撃が増えて危険になってきた時期、マーリーカの子どもだけをキーウにいる私の母と二番目の姉のもとに預けていた時期がありました。でも、子どもに何かあっても大変なので、結局、マーリーカは子どもを自分たちがいるザポリージャに連れ戻し、今、家族3人で一緒に暮らしています。

戦争になってからウクライナの人たちの考え方は、それぞれ本当に違いがあります。危険だから子どもたちや自分の命を守るために国から出なきゃいけない、という考え方はもちろんありますが、そのためにはやはり避難するためのお金が必要になります。

国外に避難するためにはお金がないと移動できません。そのお金を工面できないのであれば、自分たちが住み慣れた場所にいて、本当に危険になったらシェルターに避難すればいい、という考えの人も多いです。

田舎の古くからあるほとんどの家やマンションの地下には、昔の戦争時代に作ったシェルターがあります。今回のロシアとの戦争が始まる前は、食糧を備蓄する冷蔵庫代わりに使用していましたが、現在は近所の人たちが自由に出入りできるシェルターとして使用されているのです。

やはり気持ちの上では、たとえ戦争の中でも自分の家族や好きな人と一緒にいたほうが心強いとウクライナの人たちは思っています。でも、日本にいる私から見ると、危険な地域からは今すぐにでも逃げられるなら逃げたほうがいいと思うので、私の気持ちも揺れ動くことが多いです。

日本に家族を呼ぶことで、大もめ

もう17年以上日本に住む私にとって、一番良いのは家族を日本に呼ぶことでした。
2022年2月にロシアのウクライナ侵攻が起こり、最初こそ、戦争がここまで長引くとは思っていなかったので、「落ち着くまでの間だけでもいいから、日本に避難して。日本に来れば支援者もたくさんいるし、何とかなるから」と、何度も母や姉たち家族を説得し続けました。

とくにもう70歳になった年老いた母親のことが心配だったので、まずは母親を日本に呼ぼうと思いました。でも、母以外の姉家族は、今まで海外旅行に一度も行ったことのない人たちです。戦争が起きたという不安はもちろん持っていますが、

「ウクライナから逃げたところで、幸せになれる保証はあるの？」と言われ、

「でも、安全なのが一番でしょ」

と言う、私と家族で喧嘩になったことは何度もあります。

それだけでなく、「日本語もわからないし、仕事はどうするの？　住む場所は？　日本で食べるものは口に合うのかしら？」などと、避難した先でのさまざまな不安を思うと、

「戦争が怖い、ということだけ考えて生きたほうが、まだましじゃないか？」

と私の家族だけでなく、ウクライナの人たちの多くはそう思っているのです。


そのあたりが日本にいる私の考えとどうしてもズレてしまうのです。私がいくら、

「戦争中のウクライナより、海外にいたほうがとりあえず安心だし、平和に静かに暮らせる。落ち着くまではいろいろ大変だけれど、いろいろな国からの支援やサポートがあるので、ある程度、戦争が収まるまでの間だけ、慣れない土地での生活を我慢すればいいじゃない」

と言っても、ウクライナにずっと暮らしていた人たちにとっては、避難先で外国の言語ができないストレスは大きく、それ以上に文化の違い、生活リズムがすべて違う中での生

活はしんどさのほうが大きいのです。

なかにはウクライナから出て海外に避難したものの、海外での生活に馴染《なじ》めず、それがストレスになってパニックになってしまう人もいます。

戦争ということと比べられない、また別の大変さやストレスがあるのです。戦争が終わらないまま1年半も過ぎ、最近では、一時的に海外に避難していた人たちが、やはりウクライナの自分の家に帰りたいと思い、実際に帰国する人たちが増えていると聞きます。


私の友人家族もウクライナから日本に避難してきて、幸せな生活ができて良かった、と私も友人も最初は思っていました。

でもその後、彼女がじつは毎日泣いていることを知りました。別に旦那さんがウクライナに残ったわけではなく、娘さんもお母さんも一緒に日本に来ています。表面上は戦渦のウクライナから家族みんなで日本に避難できたラッキーなケースと言えるのです。

でも精神面では少し話が違ってきます。慣れない日本での生活にストレスを感じて、そのうち精神的に落ち着かない状況になってしまったウクライナ人は、この友人だけでなくたくさんいます。

私の友人も日に日にメンタルが不安定になっていきました。何度か彼女の気持ちを鎮《しず》めようと話をしましたが、「やっぱりウクライナに帰りたいの。帰らないと生きていけない」と言うばかり。そのうち彼女は「ウクライナに帰れないなら死にたい」と言い始めました。

私もつい感情的になって、

「あなたも、あなたの家族も日本にいれば安全なのに。なぜウクライナにそんなに帰りたいの!?」と言い放ってしまいました。

そのとき彼女の口から出た言葉は、

「祖国だからよ！　それ以上の理由なんてない！」

その思いを聞いて、思わず、どっと涙があふれました。あとは2人で抱き合って泣くばかりでした。

どんなに爆撃の中で危険な状況だろうと、「生まれた国に帰りたい」という気持ちに、理由などないのです。

彼女はそれからすぐ、ウクライナに一時帰国しました。

ウクライナに帰ったところで、まだまだ危険は尽きません。

「昨日も、隣の家にまたミサイルが落ちた……怖い……今も震えが止まらない。でも、自分の家にいるから落ち着く」と彼女は話してくれました。

現在も彼女は日本とウクライナを行ったり来たりしています。彼女はウクライナに戻ったときには、物資を支援するボランティアとして活動しています。

ウクライナに戻って活動する人、海外から支援する人、まさに人それぞれですが、共通しているのは「ウクライナを愛する気持ち」です。

戦争で失ったものは数知れません。でも、戦争を通じて祖国を愛する気持ちは格段に強くなっていきました。

それこそが戦争のもつ皮肉なのだと痛感しています。

戦争が始まって変わった「今を生きる」という考え方

2022年2月24日、ロシアのウクライナ侵攻が始まり、ウクライナの祖国を守る戦争が始まりました。それからしばらくは、自分の中で相反する気持ちがぶつかり合いました。

「今すぐ、ウクライナにいる家族を安全な日本に呼び寄せなければ」

という気持ちと、

「なぜ自分だけ平和な場所にいるの？　今すぐウクライナに帰りたい」

という気持ちです。

そのときは、「なぜ自分だけ助かっているの？　ずるいのでは？」と自分を責めてしまっていました。


戦争が始まってすぐの頃、ウクライナにいる友人たちにあちこち連絡をして、「大丈夫？何か手伝ってほしいとか、欲しいものがあるなら、なんでも言ってね」と伝えたら、「そんな平和なところに居ながら、何よ、偉そうに。手伝うとか、何か欲しいものがあるとか言うのだったら、ウクライナに今すぐ帰ってきて！」

と言われたことがありました。

……とてもショックでした。

良かれと思ったことがすべて裏目に出る。喜んでもらえると思ったのに、逆に怒りを買ってしまう。同じ国の者同士でも、まったく価値観がずれてしまう。悲しいけれど、戦争によって変わってしまった現実のひとつです。

もちろんウクライナの土地で、仲間たちと一緒に、同じ状況、同じ気持ちになって支援活動をしたほうが直接、力になれると思うことはあります。

でも、自分がもしウクライナに戻っても、結局、何もできないのではないか、ということもすごく感じています。

それならば、日本でもっともっと活動を増やして、今のウクライナの現状を伝えながら、音楽を通して「ウクライナの文化・伝統・民俗」を伝えたほうがプラスの支援になるのではないか、と気持ちを強く持って活動しています。

戦争がこれだけ長引くと、ミサイルが飛び交う日々が日常となり、平和な日々が非日常になります。ウクライナの人たちがもっとも注意しなければならないのが、戦争が続く生活に慣れていくことです。

爆撃を受けた焼け野原が日常の景色になるなんて、日本の皆さんには想像もつかないことでしょう。

「当たり前」という概念も変わりました。ウクライナにいる人たちにとって、「明日があるのは当たり前。来週もずっと一緒にいられるのは当たり前」ではありません。

「今日の夜まで生き残ればいい」

という考え方に変わっていったのです。

必死に今できることをやって、必死に生きて、楽しむことが当たり前となりました。


今でも定期的に連絡をとっているウクライナにいる友人たちは、皆、同じようなことを口にします。

「過ぎたことは過ぎたこと。悔やんでも過去は変えられない。次はそうならないように前向きに生きよう」という考え方です。


先日もウクライナにいる姉と電話で話しました。

「昨日、家の窓からミサイルが飛んで来るのを見た。キーウも相変わらず、爆撃されている」と聞き、胸が苦しくなりました。

私は、それが当たり前の日常、とは思いたくありません。

でも、そのような日常だからこそ、

「今、このときを大切にして生きよう」

と考えようとしている、現地のウクライナの人たちの気持ちは痛いほどわかります。

先のことをあれこれ心配してもしかたない。よりよい未来になるための準備は必要ですが、「こうなったらどうしよう」とあれこれ考えるより、「今を生きる」ことに全力を注ぐことが大切なのです。

日本で暮らす、母のこと

先にもお話ししたように、私の母は戦争が始まってすぐ、ウクライナから日本に避難してきました。

戦争が始まるか始まらないかの微妙な時期から、私は音楽活動を一時休止して、各テレビ局でウクライナ語の通訳として仕事をしていました。

報道局でウクライナから入ってくるニュースを通訳していたので、ウクライナの状況をどこよりも早く知ることができました。それで、ロシアがウクライナに侵攻して本格的に戦争が始まる前から、当時まだウクライナにいた母に、「ロシアからの爆撃は時間の問題だから、今すぐシェルターに逃げたほうがいい」「すぐ逃げられるように、荷物をまとめておいて」などと、まめに連絡をしていました。

いよいよ戦争が始まるという頃から、母とは顔を見ながらスカイプ（Skype／ネット経由で世界中と通話ができるソフト）で話すようになりました。やはり母の顔を見ながら話すと、少しだけ安心できたからです。

「とりあえず、気を付けて。また後でね」

とスカイプを切ったあと、急に不安になることが何度もありました。

「後でね」と言ったけれど、5分後には、連絡がつかない状況になってしまうかもしれない。そう思ったら、いてもたってもいられず、切ったあとにすぐにまた連絡してしまうこともたびたびありました。

あるとき、スカイプでのやり取りで、私があまりにも心配ばかりするので、

「何度連絡してきても同じよ。こっちも忙しいんだから」

と母に言われ、

「心配だから連絡してるの！　少しはこっちの気持ちもわかって」

と、喧嘩になってしまったことがあります。

そのときは、私が怒って一方的にスカイプを切ってしまったのですが、そのあと今は戦争中なのだと思い返して、「さっきはちょっと言い過ぎちゃった、ごめんね」と、すぐ電話を掛け直したこともあります。

戦争前は、気軽に言えた「またね」という言葉ですが、戦争が始まった後は、「この電話が最後かもしれない。もう二度と声が聴けないかもしれない」、人と会っても、「この人とはもう二度と会えないかもしれない」と、思うようになりました。

そう考えると、相手へかける言葉も違ってきます。相手への不平や不満、暗い話題は避けて、より明るい話題で、相手を気遣う言葉を選ぶようになりました。


母の話に戻ります。

先にもお話ししたように2人の姉たち家族はウクライナに残り、70歳になる母だけが日本に避難することになりました。

戦争が始まってすぐの2022年3月6日にウクライナの家を出てもらい、3月21日に日本に到着しました。

じつは日本に到着するまでが過酷な道のりでした。国境近くまで行く列車に乗った母は、混雑する列車の中で11時間もじっと立ったまま乗り続けました。列車を降りてからは、バスに乗ったり歩いたりを繰り返して、長蛇の列ができた入国審査で10時間かかり、ようやく隣国のポーランドに入国することができたのです。

そこから避難所で5日間を過ごした後、やっとそこで日本から迎えに行った私の夫と会うことができたのです。

そして、ポーランドの日本大使館で入国ビザを申請して4日後の3月20日に、ポーランドからロンドン経由で日本へ向かう飛行機に乗り継ぎました。16日間かけて、ようやく羽田空港に到着することができたのです。

ウクライナに残ることに決めた姉たちからは、「ママは年齢的にも今から海外で生活するのは、精神的にはきついんじゃないの?」と言われていました。

でも、私は、「大丈夫よ、とりあえずは安全で平和なところにいたら慣れるから」と、とにかく1日でも早く安全な日本に呼び寄せなければ、という思いが強くありました。日本に来てしばらくの間は、母も必死に頑張って、自分の辛い思いや悲しい気持ちを見せないように明るく振る舞っていました。

でもそれは、ウクライナにいる人々も日本にいる私たちも、気持ちのどこかで、「戦争は2、3か月で終わるはず」と思っていたことが大きいでしょう。

それからあっという間に3か月が過ぎ、5か月が過ぎても、戦争は終わる気配どころか、ますます激化し長期化するように見えました。

母としては「戦争が終わるまでの少しの間だけ、日本に避難する」という心づもりだったのでしょう。もちろん日本語はわかりません。勉強しようにも、やはり年齢が年齢なので、なかなか言葉を覚えられません。日本の食事にも慣れない……。

じつは母は魚介類、海藻類が食べられません。近所の家で焼き魚を焼く匂いも苦手です。以前、豚汁を作ってあげたら、それも「食べられない」と言うのです。「魚は入ってないから大丈夫でしょう?」と聞いたら、「スープに入っているカツオだしの味がダメ」と言われました。確かに日本食の多くには、カツオや煮干し、昆布のだしが入っています。これらが苦手で食べられないと、日本での食生活はかなり厳しいと思いました。

すると日本に来て半年を過ぎた頃から、母はだんだん「日本にいてもできないことばかり。結局、自由はない」と精神的に追い詰められた気持ちになってきてしまったのです。

私と顔を合わせれば、「帰りたい、帰りたい」とパニック状態のようになって、2人の間でしなくてもいい喧嘩も増えてきてしまいました。

でも私としては、今、母を一人でウクライナに帰すわけにはいきません。

結局、一つ屋根の下にいると、つねに「帰りたいのに、帰れない」という思考から抜けられなくなってしまった母とぶつかってしまう。

それで何が最善かを話し合った結果、母はしばらくの間、一人暮らしをすることになりました。さいわい、日本財団が空いている団地の部屋を借りて、ウクライナから避難してきた人が暮らせるようにしてくれていました。避難所のような団体生活ではなく、一人暮らしができるように、部屋には冷蔵庫や洗濯機などがついています。そこに母も暮らすことになったのです。

母の希望とはいえ、年老いた母に日本での慣れない一人暮らしがどこまでできるのか、不安はありました。買い物くらいなら日本のスーパーでもできますが、地震や台風など、不測の事態になったとき日本に慣れていない分、一人で大丈夫かと。

でも、私とつねに顔を突き合わせているよりも、お互いの家を行ったり来たりする距離感があったほうが、母としても気が楽だったようです。

母は一人暮らしとはいえ、ご近所にはウクライナから避難して来ている方々が30人ほどいます。母も最初はすごく喜んで、同じ境遇の皆さんや、なかには同じ年齢の一人暮らしのウクライナの女性も何人かいるので、「皆さんと力を合わせて、何かいろいろイベントでもやろうかしら」と、楽しそうにしていた時期もありました。

でも、現実には、いつも集まるようなコミュニティはできていないようです。

その理由は単純ではありません。やはり皆さん、いろいろな事情でウクライナから日本に避難をしてきています。

家族のこと、仕事のこと、生活のこと、ウクライナのこと、これから先のことなど、それぞれの悩みがあり、ウクライナ人同士でも考え方の違いがあります。ウクライナ人がたくさん集まって楽しくイベントをしたり、食事をしたりして、楽しく過ごす時間もありますが、やはりそれぞれの人の心の奥底には言いようのない孤独感が沈んでいます。

避難したウクライナ人同士が、共同生活をすることが、心のよりどころになるケースも当然あるでしょう。でもなかには、一人で生活したほうが退屈かもしれないけれど、逆に精神的に落ち着く人もいるのです。

誰とも会わない、誰とも話さないのは良くないけれども、私が知る限り、一人の時間がほしい、無理して人に会いたくない、と思っているウクライナ人は少なくないと思います。

明日はどうなるかわからない。戦争で変わった価値観とは？

「戦争が始まる前と戦争中の今、一番変わったことは何ですか？」

ウクライナ人が取材などでよく聞かれることのひとつです。

これはきっとウクライナに限ったことではないと思いますが、戦争前であれば、「服装に気をつけて化粧をして、つねにきれいでいなくちゃ」とほとんどのウクライナの女性たちが思っていたでしょう。そのため、ブランドものの洋服やバッグ、化粧品、アクセサリーが自分の生きるための大切な一部、と考えていました。

でも戦争が始まって、日常が一変すると、

「アクセサリー？　化粧品？　そんなものは要らない。だって、今日、死ぬかもしれないのだもの」

　という考え方におのずと変わっていきました。

　戦争前には、ウクライナの一般人の生活レベルと、歌手や女優などのセレブたちの生活レベルには格差がありましたが、戦争がはじまってみんな生活水準が同じになりました。

　ご近所だけでなく、街で困っている人を見かけたら、「何か手伝うことはない？」と声をかけあうようになりました。

　戦争になったら、もう化粧しなくても、きれいな服も着なくていい。今の生きている時間を大切に、一緒にいる人たちを大切にしながら生きていきたい。そう思うようになりました。

　仕事に関しても、お金をもらうためではなく、ボランティアでもなんでも人のため、街のため、ウクライナのためにやる。他の人たちを助けることができるなら、力になりたい、と思う人が増えました。

コロナ禍のときもそうでしたが、やはり戦争になってから、ウクライナの女性たちの価値観は大きく変わったように思います。

人生における考え方や優先順位が嫌でも変わっていきました。

たくさんお金を稼いでブランドの服を着て、きれいに化粧して、高いヒールの靴を履いてお洒落な店に出かけることより、とりあえず食べるもの、生きるためのシンプルな服があればいい、それが優先順位の一番になりました。

ただ、戦争が1年半も続くようになって、少しずつウクライナの女性たちの意識がまた少し変わってきました。女性たちがまた化粧をして、きれいな明るい色の服を着て、キーウにある独立広場を歩いたり、バーやレストランに行ったりするようになったのです。

メディアのニュースでも、着飾って歩くウクライナの女性たちを取り上げていました。それを見て「戦争中でしょう？　着飾る意味ある？」と思った日本の方もいたかもしれません。

ウクライナにいる友人たちに聞いてみると、彼女たちの気持ちを明かしてくれました。

「今日、死ぬかもしれない。だったらきれいな自分で死にたい。最後まで楽しく幸せな時間を過ごしたい」

今日の夜まで生き残らないかもしれないのなら、きれいにお化粧して、友だちと一緒にバーやレストランに行って食事をして、少しでも楽しい時間を過ごしたい、という考え方が最近とても増えているのです。

戦争前までは、自分の人生の時間は無限にあると思っていました。今日やりたかったことができなくても、「時間はたっぷりあるし、また明日からスタートすればいい」と思っていました。

例えば、子どものころから英語やスペイン語など、いろいろ勉強したいと思っていても、なかなか始められず、つい「明日から」とか「やっぱり来月から始めよう」と先延ばしにしていたことは多いでしょう。

でも、戦争が始まった今では、取り組む時間も気持ちの余裕もありません。戦争が始まってから、自分のやりたいことをもう1回考え直してみると、「本当に自分に明日とか来月という未来があるの？　ましてや来年、再来年も先のことなんてどうなるかわからない」という気持ちになってしまうのです。

もちろん前向きに計画しながら生きるのは大事ですが、想定した未来が必ずあるわけではない、ということを、悲しいですが忘れてはいけないと思っています。

人生100年時代は本当に当たり前？

日本に住んでいるとよく聞く「人生、100年時代」という言葉にも、私はちょっと引っかかってしまいます。

100歳まで生きることを想定して、人生の目標やスケジュールを立てていきましょう、というのはよくわかります。

でも、同時にウクライナ人である私にとっては、

「当たり前に人生、100年まで続くと思っていいの？　100年どころか、40年続くかどうかわからない」

そう思うことのほうが増えてきて、長い人生を前提に計画を立てるのもおかしいのではないか、と思うようになりました。

人生100年生きることを前提にして、準備して時間も使って、40歳を過ぎたらこうな

って、50歳過ぎたらこういう自分でありたい、と先々のことを細かく決めて準備したり行動するよりも、今、目の前にあることを全力でやることのほうが、ずっと大事だと思っています。

私の場合は、ウクライナのために1日2か所でも、3か所でも、あるいは5か所であってもコンサートができるならやりたいと思っています。

でも、このようなハードスケジュールでコンサートを続けたら、途中で倒れてしまうかもしれません。戦争前のこれまでなら、当然、そうならないように余裕を持ってスケジュールを組んでいましたが、今は「もしそうなったら、そのときに考えればいい」と思えるようになりました。

自暴自棄になっているわけではありません。

今、悩んでもどうにもできない。だったら、余計なことは考えないで、今、目の前にある、できるもの、自分の周りの人たちや家族のため、ウクライナの人たちのためにできることを精一杯しようと決めました。

もし力尽きてできなくなったら、自分のやることはここまで、と決めたら、逆にもやもやした気持ちが吹っ切れたのです。

日本のように平和な日常が当たり前の世界にいると、人生100年は当たり前、という認識になりがちですが、40歳になったらこれをやらなきゃ、60歳ではこれをすべき、というような決まりごとを決めたのは、自分たちです。

平和な未来が当たり前、という考えではなく、今できることを自分なりに精一杯やってみる。できなかったら、そのときまた考えればいい。

戦争を通じて私自身が大きく変わった考え方のひとつです。

報道とは違う戦争の現実

戦争が始まってすぐ、心に大きな穴がぽっかり空いたように、私はコンサートで歌うこともバンドゥーラを演奏する気持ちもまったくなくなってしまいました。あんなに好きだった音楽に対して、自分の心の火がまったく消えてしまったのです。

戦争が始まる前、私はつながりのあったメディア関係者の方々から、

「これからは毎日のようにウクライナの戦争のことが報道されると思います。少しでも速く日本でも報道できるように、通訳の仕事を手伝ってもらえませんか？」

と声をかけられるようになりました。

とてもコンサートをやるような気持ちにはなれなかった私は、そのとき二つ返事で通訳の仕事を引き受けることにしました。

今、自分がやるべきことは音楽活動よりも日本の皆さんに今のウクライナの戦況をいち早くニュースとして伝えること。自分でも通訳の仕事を通じてウクライナで何が起きているか、これから何が起きるか、誰かから聞く話ではなくて、自分でも最前線の情報を調べることはできると思ったのです。

それは私にしかできない仕事に違いない、と思ったら、通訳の仕事に夢中になっていきました。

その時期には、例えばフジテレビで夕方6時から翌朝10時まで報道局で通訳の仕事をやったあと、家には帰らずにそのままタクシーに乗ってNHKまで行き、そこでまた夕方まですっと通訳の仕事をやって、またフジテレビに戻る、ということを繰り返していました。

テレビ局で寝泊まりすることもあり、そのうちに自分へのインタビュー取材も増えて来て、移動中のタクシーでよく取材を受けたりしました。

一番忙しかったのが、戦争が始まった2022年2月24日の1週間ほど前から2か月くらいの間でした。

ロシアの侵攻が始まってからは、自分の連絡先や電話番号をSNSやホームページに載せて、いろいろなメディアから通訳の依頼がきても引き受けられるようにしました。

ウクライナの現地から流れてくるニュースやレポートなどをその場で日本語に訳して、日本のテレビ局などがニュースなどで伝える、その現場の仕事をしていると、まさに最前線の情報がいち早く入ってきます。どのように日本の人たちにニュースが伝わっているか、その裏側も知ることができました。

そして、戦争の情報はじつは微妙にコントロールされているということも知りました。

私は、「今はこのニュースを伝えるべきじゃないか」と思うこともたびたびありました。

戦争に関する報道は、事実確認が必要なものもあって、意外と各テレビ局が足並みをそろえているのかな、と現場で感じました。まずはNHKが出したニュースに沿って、他のテレビ局も似たようなニュースを出しているようなのです。

私はＮＨＫやフジテレビ、ＴＢＳなどを回っていたため、毎日、似たようなニュースの翻訳をすることも多く、内心は、「昨日と同じ内容のニュースより、他にもっと新しいニュースを報道すべきでは？」と思ったこともありました。

私としてはもっと危険な状況や、もっと伝えなければいけない戦況もあるのでは、と思うところがありました。

例えば、ウクライナのマリウポリにある劇場にミサイルが落ちて、多くの子どもたちが犠牲になったことがありました。

ウクライナではすでに話題になっていたのに、日本のテレビ局では、その時点では「まだ今は、子どもが犠牲になったことは触れないように」という判断でした。

現地から送られてきた写真には、この劇場には子どもたちが避難しているとわかるように、ロシア語で「子どもたち」と書かれているのが写っていました。

そのことを翻訳して伝えましたが、その後ニュースになったものの、速報ではそこまで報道されることはありませんでした。

ロシアの爆撃を受けたマリウポリの劇場。避難していた多くの子どもたちが犠牲になった。（2022年4月26日撮影）

空爆前の劇場の衛星写真。地面には「子どもたち」（白い矢印）と書かれている。（米民間企業マクサー・テクノロジーズ提供、2023年3月16日撮影）

ウクライナやヨーロッパからは、たくさんのニュースが次々と入ってきますが、日本の限られた時間のニュース番組の中ではすべてのことがありのままに報道されるわけではないことも、マスコミの裏側で仕事をして実感した一コマではあります。

ウクライナの避難民を襲う〝サバイバーズ・ギルト〟

ここまで祖国を離れて日本に住むウクライナ人が戦争が行われている祖国のことをどう思っているか、私なりにお話ししてきました。

すべての方々について私が把握しているわけではありません。自分の家族や友人たち、コンサート会場に来てくださったウクライナの方々からも、嬉しかったこと、悲しかったこと、不安なことなど、たくさんお話を聞きました。

そこで私は気づいたのです。それは私自身のことでもありますが、ウクライナから避難してきた人たちには、多かれ少なかれ、

「自分だけ生き残った。自分だけ安全な場所にいるのは申し訳ない」

という罪悪感があることです。

それを専門用語で「サバイバーズ・ギルト（生存者の罪悪感）」と言うそうです。戦争や災害、事故などで亡くなった方々がいる中で、自分が生き残った、助かったことで感じる罪悪感のことです。

この「サバイバーズ・ギルト」を感じてしまうと、重い症状では不眠や抑うつ、不安感、無力感を長期的に感じてしまうというケースもあるそうです。


戦争が長引けば長引くほど、ウクライナの人たちの置かれている状況は、戦争で家族を失ってしまった人、家族をウクライナに残して自分や子どもだけが海外に避難してきた人、家族揃って海外に避難している人などさまざまです。私のように、長いこと日本に住んでいるウクライナ人もいますが、その事情もさまざまです。

でも、置かれた環境や状況は違いますが、どの人にも多かれ少なかれ「サバイバーズ・ギルト」があるのです。


そこで、日本に暮らす方々には、ウクライナの人たち一人ひとりにやさしいまなざしを持って接していただけたらと思います。


「あなたはまだましよ。ウクライナの現地では今も命をかけて戦っている人たちがたくさんいるんだから」

「私のほうがひどい目にあっている」

「あの人より、まし」

「もっと大変な思いをしている人たちがいる。あなたは幸せ者よ」

という誰かと比べるような言葉は掛けないでいただけたらと思います。


悪意はないものの、このような言葉が多くのウクライナの避難民を傷つけています。

私もコンサートの会場などで、ときどき、

「辛いのはウクライナの人たちだけじゃないのよ。

かつてロシア軍に占領されていたウクライナ南部
ヘルソン州の村（2022年11月3日撮影）

日本にも震災にあって家族を失って一人ぼっちになった子どももいるんだから」

と言われることがあります。

私は別に不幸自慢をしたいのではありません。すべてのウクライナ人が泣いてばかりいるわけでもありません。希望を持って前向きに、笑顔で毎日を送っている人もいます。

だからこそ、「どっちがより不幸だ」という比較はしたくないと思っています。

「私はなぜ、生き延びているのだろう」

この言葉は、生きている限り、これからもずっと自分の胸に刻まれ、自分に問い続けると思います。ウクライナで戦い続けている人たちに対しての罪悪感も消えないでしょう。

それらを背負い続けながら、私はこれからも「自分ができることは何か」を探し続ける覚悟でいます。

ウクライナの仕事とお金

PART 5

さまざまなアルバイトをしたのは日本語を学びたかったから

日本に来て17年、これまでずっと音楽活動メインでやってきましたが、来日当初は中華料理店、シチリア料理店、寿司店など、さまざまなアルバイトをしてきました。それは生活費のためというより、日本の方々とコミュニケーションを取って、日本語を学びたかったからです。

また、そこで出会った人たちにウクライナの音楽家ということをアピールしたい気持ちもありました。

日本で働いてみて、ひとつ、仕事に対しての価値観の違いに気づいたことがあります。それはある高級料理店でアルバイトをしていたときのことです。

場所が銀座にあることから、格式の高いお店でした。そのため、アルバイトとはいえ研修も厳しくて、料理のお皿の持ち方、運び方、テーブルへの料理の置き方など、何度も先輩から厳しく指導されました。

一番難しかったのが、お皿になみなみと注いだ熱湯を入れて、お客さんに料理を提供する練習をさせられたときです。熱いお湯をこぼさないように両手でお皿を持つと、

「ダメよ、お皿がどんなに熱くても片手で持たないと。こぼしてお客さんにかかると問題になるよ。指先まで意識してきれいにね」

と先輩から注意されて、誰もいない従業員用の部屋で何度も何度も練習させられました。

そのうち、私自身、「この練習、本当に必要?」と疑問が湧いてきてしまいました。確かに、片手で料理を差し出したほうが見栄えは良いかもしれませんが、「慣れないうちはまずはこぼさないように両手でお皿を持って提供してもいいのでは?」と思ってしまったのです。

実際に店内で働き始めても、先輩方から、

「これやりなさい。これはやっちゃダメ。あっちに行きなさい。そっちに行っちゃダメ」

とあれこれ言われ、おまけに、

「なぜうちの店に来たの? 他に働く店、あるでしょう?」

とまで言われて、結局、1週間働いてその店は辞めてしまいました。

これは私の価値観なのですが、まずは楽しく働きたい、というのが気持ちの根底にあり

ます。

楽しく働きながら、日本語や料理のことを勉強したかったのですが、働く楽しさよりも、ただただ厳しく「このやり方しかやってはいけない」というルールに縛られるのはどうかと思ったのです。

これはウクライナの考え方ではどうかという話ではありません。私自身は「決められたルールは絶対に守らなければいけない」「どんなに苦しくても途中で辞めてはいけない」「先輩や上司から言われたことには従わなければいけない」ということに縛られる必要はないと思っています。

これはよくウクライナの女性たちが話すことですが、

「すごく好きだった男性と付き合えなかった、結婚できなかった」

ということにすごく悩んでいるなら、

「世界中を探せば、きっともっと素敵な男性はいる。この人がダメなら、違う人を探せばいい」

という考え方をします。それは仕事に関しても同じです。

「この仕事、この職場じゃないとダメというわけではない。自分に合わないのなら別の環境を探せばいい」

世界は広いのです。もしウクライナでできなかったら、違う国に行ってみればいいのです。

戦争が起こってから環境は変わりましたが、それでも自分が本当に望むなら、世界で挑戦できることは多いのだと気づくことです。

それなのに、人の目を気にしたり「親や友人から反対されるから」と気にするから、辛い環境から抜け出せないのです。

「自分はそれでいい。自分の考え方で正しい」

と思えて、自分で生活できているのであれば、他人の目は気にしなくていいと思っています。

人生は一度きり。今の仕事はしたくない、というのであれば、我慢し続けるのではなく、違う場所でもっと楽しく生活できる仕事を探せばいいのです。

例えば音楽活動を日本で始める時に、

「日本でバンドゥーラを弾ける人は他にもいるので、今から活動を始めても難しいと思うよ」

と言われました。でも、私はひるみませんでした。やってみなければわからないことを、やる前から「できない、無理、難しい」とあきらめるのは違うと思ったからです。

とにかく他人に言われて自分の行動を決めるのはとても苦手です。「失敗するかも」と思って何もやらないのではなく、とりあえずやってみて、調べて挑戦してみて、その中でまた違う可能性を探っていけばいい。

だから私はつねに自分の中のアンテナを研ぎ澄ませて、自分の中の違和感を放置しないようにしています。

来日した当初、アルバイト先で違和感があったから、私は別のバイト先を探して、今度は楽しく働くことができました。

もし今、仕事で悩んでいるのなら、「ここしかない」という縛りから自分の意識を解放してみるといいかもしれません。

日本でバンドゥーラの演奏家として活動できるまで

私が日本で伝統楽器バンドゥーラ奏者として活動するのは、そう簡単な道のりではありませんでした。来日後、結婚して出産してから、事務所には所属せずに自分でライブハウスなどに出演願いのメールを送っていました。

幼子を連れて演奏しに行くというのは、無理なスケジュールは組めないということ。自分ができる範囲内で地道に営業活動を続けるしかありませんでした。

そんななか「楽器を弾きながら歌ってるウクライナ人女性がいる」という口コミがだんだんと広がっていき、ついに大きなチャンスをつかむことになります。

『のどじまんTHEワールド!』(日本テレビ系)という外国人が歌う日本語のど自慢大会に応募したところ、番組ディレクターより連絡がきて、出場が決まったのです。

この番組は、クリス・ハートさんが優賞したことをきっかけに、プロデビューが決まった「外国人のプロ歌手登竜門」のような番組です。

2012年の夏に出場して、さいわい決勝戦まで勝ち進むことができました。残念ながら結果は3位でしたけれど、番組を見たコンサートの関係者から、「ぜひ、コンサートをお願いしたい」というオファーをいただくようになったのです。

ところが、ここで難問が持ち上がりました。メールの返事をしようとしても、当時の私はビジネス用の日本語を書くことができなかったのです。

仕方がないので、夫に、

「私が変な日本語で書いて送ってしまうのは失礼だから、手伝ってください」

とお願いすると、彼に、

「あなたの仕事でしょ。自分で書かないとダメでしょ」

と言われてしまったのです。そのときは、「メールの返信文くらい教えてくれてもいいのに」と、喧嘩になってしまいましたが、そこでいい意味で開き直ることができたのです。

「私は外国人なのだから、最初から日本語が上手にできなくて当たり前。でも、仕事をやると決めたからには、自分で一生懸命勉強して返信しよう」

と、本やネットで漢字やビジネス用語の言い回しを調べて、オファーに応える返事をメールで送ることができたのです。するとすぐに先方から返信がありました。「もしかしたらご本人のカテリーナさんですか？」とメールに書かれてありました。自分が書いた文章が相手に通じたことに大きな喜びを感じたのを、昨日のことのように思い出します。

その後も小学生の子どもと一緒に日本語のアニメやドラマを見たり、絵本を読んだり、ママ友から教わったりしながら、日常の中で日本語に触れながら勉強を続けました。

もし、最初のコンサートの依頼に対して、夫に頼り切っていたら、きっとそれ以降も甘えてしまい、今のように日本語の読み書きはできないままだったかもしれません。あのとき夫が「自分の仕事は自分でやるように」と厳しく言ってくれたおかげで、かえってプロ意識が強くなり良かったと感謝しています。

日本語のニュアンスと真意を読み取るのに苦労した

日本に来て仕事上で戸惑ったことは、いくつかあります。一番困ったのは、「イエス、ノー」をはっきり言わないことです。

例えば、面接に行ったときに、

「じゃあ、また連絡します」

と言われたら、私の感覚では「後日、連絡してくれる」と文字通り受け止めていました。

でも、待てど暮らせど連絡がありません。

私から再度、担当者に連絡を入れると、電話口から渋い声で、

「すみません、今回はご縁がなかったということで……」

とお断りの返事があったことがありました。

当初は「いったい、どういうこと？」と真意を理解できずにいましたが、日本に来てから幾度か同じようなことがあり、仕事の中で「また連絡させてください」と言われたら、お断りの意味だと理解できるようになりました。

そのことがあってから、日本では、「お断りの暗黙のルール」があることを知りました。

例えば、「また連絡します」「ちょっと考えさせてください」は、断りの意味だと理解しました。

ウクライナでは、このようなコミュニケーションはありません。ダメならダメと伝える

し、必要なければはっきりと「いりません」と相手に伝えます。

私自身、しばらくは日本のルールに疑心暗鬼になってしまい、

「どこまで言っていいのだろう。どこまで相手の言葉を信じていいのだろう」

と戸惑いました。


とくに困ったのが、仕事上のお金の交渉です。私は日本での音楽活動を一人で始めたので、「仕事の条件やスケジュール、ギャランティ、支払い日」などはどのタイミングで確認すればいいのか、よくわかりませんでした。

日本人の知人からは、

「日本は最初にお金の話をするのははしたない、と思う文化がある」

と聞いていました。

でも、私にはマネージャーがいるわけではないので、お金のことを含めてすべて一人で管理しなければなりません。

活動し始めの頃は、ギャラの話を最初にできなかったために、

「このくらいの金額でやります」

と伝えると、相手のプロモーターさんから、

「え？　そんなに高いの？」

「じゃ、このくらいでいかがですか？」

と、最初に提示した金額からどんどん下げられてしまうことがたびたびありました。

また、最初にギャラのことをきちんと確認せずに、ライブが終わった後で、ギャラの話をすると、

「主催者からギャラの話は聞いてないけど。今回はボランティアじゃないの？」

と言われて、結局、無料でライブ出演したこともありました。

また、「チャリティでやってほしい」と言われて、それは「ノーギャラでやって」という意味だとあとから知った、ということも……。

そのことを夫に相談したら、

「そのやり方は良くないね。自分の価値を下げてはいけない」

と教えてもらい、自分のギャラの相場をきちんと決めて、最初から交渉するようになりました。

もちろん、最初のうちは日本語のニュアンスが理解できずに何度も失敗しながら、交渉

術を覚えていきました。

もちろん、ギャラが出なければ仕事をしない、ということではありません。とくに恵まれない子どもたちを支援するようなイベントなどは、ノーギャラで演奏をすることもあります。私の音楽が誰かを救うためなら、これからも喜んでご奉仕したいです。

ただ、それ以外の演奏に関する仕事に関しては、プロのバンドゥーラ奏者として、これまでたくさんの時間とお金をかけて、プロとして学び、腕を磨いてきました。それに対してはきちんと対価をいただきたいと思っています。

これらの経験から、今ではきちんとリストを作って、仕事の条件や内容、スケジュール、ギャラを決めて仕事先の担当者と交渉するようにしています。

もちろん、相手にも条件や制作費の予算があるので、話し合って折り合いがつくところはお互いに歩み寄るようにしています。

なるべく「ノー」とは言いたくないので、相手に合わせるようにしていますが、それでも話し合いが進まないときは、

「ちょっとスケジュールをもう1回確認させてください」

と伝えて、お断りするようにしています。

この言葉は、「ノー」と言わずに断る、日本式の伝え方を私なりに学んだ結果です。

「郷に入れば郷に従え」

と言いますが、ウクライナ人の私が日本で仕事をスムーズに行うためには、日本式の交渉術を身につける必要があります。

日本で仕事をしていく上では、大事なことだと思っています。

仕事での人間関係の難しさ

本章の初めにも、ウクライナの人たちには、はっきりものを言う文化があることをお伝えしました。

これは恋愛に限らず、ウクライナ人はその人とのやり取りのなかで、

「この人とはこれからもお付き合いしていこう」

とか、あるいは逆に、

「この人と話すことはもうない」

と、会話をしながら気づくことがあります。それは自分だけでなく、相手が自分に対してどう思っているのかも、言葉や表情で伝わってしまうくらい、好き嫌いがはっきりしています。

でも、自分の気持ちを正直に伝えるからこそ、辛口でも「正しいことを言っている」と理解できるので、自分とは合うタイプだと長く付き合えたりもします。

逆に、すごく親切でやさしいのに、「目が笑っていない人」が一番怖いです。

人前では明るく笑っていて、やさしそうな雰囲気なのに、目は怖い。日本に来てからこういうタイプの人に出会うようになって、自分の本当の顔を見せない人は本音が見えないので、「本当の友だちになろうと思っていないのでは？」という壁を感じてしまいます。

これは仕事上でも同じで、過去にすごく不思議なことがありました。仕事でご一緒した女性でしたが、目の前で話している時はすごく楽しくて、素敵な笑顔だった女性が、楽屋を出ようとしている瞬間、別人みたいに冷めた表情に豹変《ひょうへん》している姿を目撃してしまったのです。

「え？　さっきまであんなに笑顔だったのに、なぜ急に真顔？」
と、唖然《あぜん》としたことがありました。

そういう本音と建前のギャップや、本心を隠して笑顔で振る舞うということに、最初はなかなか慣れなくて、理解できずに苦労しました。

夫は日本人ですが、彼は長い間、ヨーロッパに住んでいたので、日本人よりヨーロッパの友だちが多いため、はっきりと意思表示する海外のコミュニケーションのほうに慣れています。

お互いそういう感覚が似ているので、「好きだから付き合ってほしい」「出会ってすぐだけど結婚してほしい」とストレートに想いを伝えてくれたので結婚まで早かったのだと思います。

彼は仕事に関しても正直に伝えてくれます。私はバンドゥーラを演奏しながら歌も歌いますが、最初は「歌は下手だな」と、ずっと言われていました。

言われたときは傷つきましたが、逆に隠す必要はないことです。正直に現実の歌のレベルを指摘してくれることに有難さも感じていました。

ところが、ある作曲家さんと一緒にバンドをやろうという話になり、その人がピアノを弾いて私が歌を歌ったら、作曲家さんがものすごく褒めてくれたのです。

「この曲は、カテリーナの声にぴったりだな。本当にすごくいいバンドになりそうだ」

と良いことばかり言ってくれたので、私もテンションが上がりましたが、あとで私の夫には、

「本当に歌は下手だよ。もっと練習しないとプロになれないよ」

と言ったそうなのです。

私は傷つく以上に、その対応のあまりの落差に唖然《あぜん》として、夫に詰め寄りました。

「ちょっと待って。さっき彼にむちゃくちゃ褒められたよね？」

「うーん、でも彼は日本人だから」

「待って、あなたも日本人でしょう」

「彼は性格的に、絶対はっきり言わない」

私は悲しくなりました。あんなに褒められて、こっちも楽しく歌って、本当にいいと思

って歌ったのに、「全然ダメだよ」と言われて、頭の中が混乱しました。

じつはこの話には後日談があります。それから15年ほど経って、その作曲家とコラボの話が持ち上がったのです。

あの頃の自分より歌のレベルが上がったと思っていましたが、私はコラボ話に期待はしていませんでした。

案の定、具体的な話がなかなか進みません。私が曲のアイデアを出したりしましたが、彼の真意がやはり見えませんでした。

最後は、夫に間に入ってもらって、彼に確認すると、結局、

「うん、ちょっと難しいな」

と返事が返ってきました。

私も日本での生活が17年以上と長いので、少しずつ慣れてはきていますが、はっきり意見を言わない人とは、やはり仕事がスムーズにいかないと痛感しています。

また、こんなこともありました。ある方と一緒に仕事をする話があったのですが方向性

の違いから、仕事を組むのは無理だと判断して、

「私は歌いたくない。やりたくない」

と言ったら、相手の友人にめちゃくちゃ怒られたことがありました。

「あなた、どこにいると思ってるの？　あんなにはっきり言うと、日本では仕事ができないよ」

と言われて、日本ではその伝え方、やり方は通用しないのだと思い知りました。

そのような苦い経験もあり、お断りする時は「ちょっと考えさせてください」と伝えるようになりました。

逆に「検討します」は半分以上「ノー」という意味合いが含まれているので、あまり期待しません。

日本の「いいね」は、「頑張ってね」という意味に捉えるくらいでちょうど良いのかもしれません。

褒められたからと言って、必ずOKではない。期待して空回りするより、実際にOKが出たら、そのときどうするか決めればいい、という考え方になりました。

他にやることもいっぱいあるし、考えることもいっぱいあります。どっちつかずでモヤモヤ悩むのは時間がもったいない。もしうまくいかないなら、今はそのタイミングではないと、仕切り直せばいいのです。

ウクライナの女性に人気の職業

日本では女性が働きたい仕事のランキング上位に、

「WEBデザイナー、コンサルタント、薬剤師」

が多いと聞きます。

ウクライナの女性たちには、

「学校の先生、幼稚園や保育園の先生、音楽専門学校の講師」

がとても人気があります。とくに都市部よりも田舎で生まれ育った女性たちは、大学で勉強したあと、田舎に戻って地元の学校で先生として働くことを理想としています。

ちなみに、新卒の学校の先生の給料は1万〜1万4000フリヴニャになります。日本円だと4万円から5万5000円ほどです。

会社勤めなら、秘書も人気です。とくに若くてきれいな女性だったら、勉強ができなくても秘書になるケースは多いです。

ちゃんと稼ぎたいという上昇志向が強い女性では、税理士やＩＴ企業への就職を目指す人もいます。

海外に行く機会が多い旅行会社に勤めたり、不動産会社に勤める女性たちも増えました。

海外で働きたい女性たちは、私と同じように子どもの頃から音楽を続けてミュージシャンになったり、プロのダンサーになって稼ぐ女性もけっこういます。

今は戦争中なので、仕事も限られたり、海外に出るのも制限されていますが、ウクライナも日本も若い女性たちの仕事に対する考え方は、あまり変わらないように思います。

ウクライナの男性はどうでしょうか。女性と同じように、学校の体育の先生を目指している人は多いです。

ただ会社勤めに関しては、家族から引き継いで会社を経営したり、仲間と共同で事業を輿す男性たちが多いです。また、エンジニアや建築家も憧れの職業です。

これは日本と共通していますが、ひとつの会社でずっと勤め上げるよりも、キャリアアップしながら転職を繰り返すパターンのほうが増えてきているようです。

自分の好きなこと、やりたいことを探して、仕事も変えていくのです。それが増えたのは、ウクライナではリストラも多いからです。

日本のように1か月前に解雇を告げるというルールはなく、いきなり会社の都合で、

「もう明日から来なくていい」

とクビにするのです。

一生懸命仕事をしていても、新人で会社に入ったばかりの人でも、ウクライナではリストラは突然、行われます。

このような社会環境もあり、会社に対しての愛社精神よりも自分がやりたいことを優先する考えが主流になっているように思います。

ウクライナ人の金銭感覚

仕事に関してはリストラが多くあったり、長引く戦争で失業者も増えました。昔からウクライナの人たちには、しっかり貯金をする人が多かったのですが、やはり世の中が不安定になっているので、何かあったときのために貯蓄をしっかり続けている人がより増えました。

ウクライナ在住の友人が教えてくれたのですが、貯蓄に関しては戦争で銀行にお金を入れておいても銀行自体がどうなるかわからない状況なので、お金をダイヤモンドなどの宝石に替えている人が増えているそうです。

ウクライナの通貨は「フリヴニャ」ですが、札束だと持ち歩くのは不便だし、戦火にあえば燃えてなくなってしまいます。その点、宝石などに替えておけば、移動のときにも最悪、ポケットに入れて持ち歩けます。

ウクライナの通貨だと価値が変動しますが、ダイヤモンドなどの宝石だと海外でも価値が大きく変わることが少ないのも、大きな魅力です。

ウクライナ国内でも、通貨と宝石を交換するお店がどんどん増えていると聞きます。

ウクライナ女性の金銭感覚は、お金持ちと結婚して楽な生活を夢見る女性がいる一方で、結婚しても自分で稼いで金銭的に自立していたい、と思う女性も多いです。

私も両親からそのように教えられて育ったので、男性から食事に誘われても、自分の分は自分で払うことが多かったです。

ただ結婚してからも、私の稼ぎからお金を出すことが多いことに関しては、母から、

「なぜ、あなたばかりお金を出しているの？」

と言われることもあります。

基本的にウクライナでは、男性がお金を出すことがマナーになっています。私のように割り勘にするのは稀《まれ》で、レストランの支払いは男性がしますし、基本はレディファーストです。

日本に来て驚いたのは、ある女友だちが、付き合っていた男性と別れた際、相手からプ

レゼントされた品物や使ったお金の分の請求書を渡されて、全部、返すことになった、と聞かされたときです。ウクライナでは、ちょっとあり得ません。でも、彼女は、

「日本では別れたら、もらったものを返すのはよくある話よ」

と話していました。最近の日本ではそれが常識なのでしょうか。

飲み会での割り勘も当たり前だと言っていました。ウクライナでは割り勘は考えられないと思う女性が多いです。

でも、その友人から、「将来、あなたの息子が彼女とのデートですべて奢《おご》ることになったら、どう思う？」と聞かれて、

「デートで男性が奢るのは当たり前！」と言ったそばから、

「絶対、無理！」

と言ってしまいました。

他人のことと、息子の場合は「全く別の話」になってしまうことに、思わず友人と笑ってしまいました。

PART 6

ウクライナ美人の食と健康

ウクライナの若い女性は夜6時以降は何も食べない

ウクライナの女性たちは、食事にかなり気をつけています。よく言われる「痩せの大食い」というケースはなく、食べた分だけ太ってしまうので、食事の量にはすごく気を遣っています。

私の知り合いの若いウクライナの女性たちのほとんどは、

「夕方6時以降は何も食べない」

とマイ・ルールを決めて徹底しています。

また、ウクライナでは、子どもの頃からプロのスポーツ選手やオリンピック選手を目指している人も多いです。

私の知り合いは、体操選手を目指していましたが、「少しでも太ると演技に影響する」と言って、食事制限を徹底していました。

練習中は水も飲みません。炭水化物はほとんどとらず、野菜と鶏のささ身肉など限られたメニューを少しずつ食べていました。

このようにダイエットに熱心なウクライナ人に美容食として人気なのが、ソバの実です。日本では「蕎麦」として麺で食べますが、ウクライナではお米と同じようにソバの実を炊いた「カーシャ」というお粥《かゆ》のような料理があります。

またはソバの実と野菜のスープや、ソバの実入りのハンバーグなども、ウクライナでは一般的です。

そもそもソバの実は、食後の血糖値が上がりにくい「低GI食品」なのでダイエットに最適です。また肝臓を守る働きや疲労回復、美肌効果も期待できます。

なかなか日本ではソバの実を使った料理はないと思うので、ぜひウクライナ料理として広まってほしいなと思っています。

日本とウクライナの朝食の違い

私が日本に来て、ウクライナとの食文化の違いを一番感じたのが、「朝食」です。

ウクライナの朝食はパンとヨーグルト、コーヒーなど、とてもシンプルです。

朝はみんな忙しいので、パンの上にハムやチーズ、レタスをのせた簡単なサンドイッチを作ったら、あとは紅茶かコーヒーで朝食を済ませてしまいます。

朝食を簡単に済ますかわりに、昼食や夕食を家族で食べるために品数を増やして豪華にするのです。

私が日本で結婚した当初は、ウクライナ式の朝食を食卓に出していたのですが、ある日、夫から、「朝食は一番大切だよ。ご飯に、味噌汁、魚など、もっとしっかりしたものを食べたい」と言われてしまいました。

カルチャーショックを受けた私は、それからは毎朝、ご飯を炊いてお味噌汁を作り、卵焼きや魚を焼くようになりました。

日本の皆さんは、地方に出張や旅行に行った時にも、ホテルの朝ごはんをとても楽しみにしています。朝食を大事にする日本の食文化に慣れるまでは、ちょっと大変でした。

また、こんなこともありました。ウクライナでボルシチは野菜をたっぷり入れるほかに小さなペンネやソバの実を入れて、スープと言うよりも食べるおかずとして作ります。具だくさんのボルシチを作ったら、あとはパンさえあれば、お腹いっぱいになります。それをお昼から作って、夕食に家族一人ひとりのお皿に入れて、パンも一緒に食べたらそれで夕飯は終わりということもあります。

ボルシチを大きな鍋で作った場合は、2日間かけて食べたり、朝昼晩3食、ボルシチでも全然問題ありません。

でも日本でボルシチをたくさん作って、食べ切るまで毎日食卓に出したら、「1週間ずっと同じメニューで食べるの？　夜は違うメニューのものを食べたい」

また、私はウクライナ料理しか作れなかったので、毎日、ウクライナ料理を出していたら、「たまには和食も食べたい」と夫から言われてしまいました。

ウクライナで育った私はそれが普通で、何も違和感はありませんが、日本には日本の食文化があります。

どちらがいいとか悪いとかではありませんが、私が日本に来て最初に戸惑ったのは、食卓には何品並べればいいのか、同じメニューをたくさん作って何日も出すのはNGなのか、ということでした。

夫が言うには、「カレーならば朝昼晩、食べてもいいけれど」ということでしたが、それも人それぞれの感覚です。

でも、逆に良いこともあります。夫に言われて、朝昼晩、違うメニューを作ることになったのですが、私はもともと料理を作るのが大好きです。

その頃は今よりも仕事は忙しくなかったので、毎日、レシピ本や料理番組などを見て調べて、「今日はお芋の煮物を作ろう、明日はイタリアンにしよう」など、すべてソースから手作りして新たな料理にチャレンジしていました。今思えば、夫からのリクエストがあったおかげで、料理のレパートリーがたくさん増えたので、とても感謝しています。

おもてなし文化があるウクライナの家庭に必ずあるもの

ウクライナの人たちは普段、たくさん水を飲みます。とくに普段からダイエットをしている女性たちは、代謝をよくするために毎日、まめに水を飲んでいます。

ただ、ウクライナの水道の水は漂白剤のようなにおいがして美味しくありません。料理に使う分にはそのまま使っていますが、水道の水はそのまま飲むことはせず、沸騰させて白湯《さゆ》として飲むか、お茶にして飲むようにしています。

また、ミネラルウォーターを買うか、家の近所に井戸があれば、ペットボトルを持っていって、そこの水を汲《く》んで持って帰る人もいます。井戸の水は無料なので、皆さん、自由に持ち帰っています。

このように水道水が美味しくないということもあり、ウクライナではお湯を沸かして紅茶を飲む習慣が定着しています。

日本でも仕事の合間に「一服する」という言葉があります。本来は「煙草を吸う」だけでなく「お茶を飲んで一休みする」という意味がありますが、それと似たような習慣でしょう。

もともとおもてなしが好きなウクライナ人は、友だちやお客さんが家に来ると、まずは「紅茶でも、飲んでいく?」

と言って、必ずクッキーやチョコレートなどのお茶菓子と一緒に紅茶を振る舞います。いつ何時、お客さんが来てもおもてなしできるように、家にはいろいろな種類の紅茶とお茶菓子を用意しています。

紅茶を飲みながらおしゃべりするのが大好きなウクライナ人は、あまり知らない人でも「とりあえず家の中に入って、お茶でも飲んで！」と声をかけてしまいます。「じゃあ、ちょっとだけね」と言いながら、気がつけば何時間もおしゃべりしていた、なんてこともよくある話です。

日本にも「茶飲み友だち」という言葉がありますが、ウクライナでは私たちの世代でも、お茶を飲みながらおしゃべりする「茶飲み友だち」を大切にしています。

日本に来てからは、約束もしないで誰かがいきなり家に遊びに来る、ということはあまりありませんが、子どもが生まれてからは日本でもママ友たちを家に呼んで、よくお茶会をしていました。

我が家はいつもオープンだったので、「じゃあ、このあとはうちでお茶する？」と、友だちを招くのはしょっちゅうでした。

大勢で来るときは、お茶だけでなく必ず手料理を振る舞っていたので、ママ友たちからは、「毎回、おもてなしがすごいよね。私にはとてもできないわ」と言われることがあります。

でも、ウクライナでは普通のことです。買い物をするときは自分が食べなくてもお客さん用のお菓子を買っておいて、いつも家のテーブルの上に置いておくのです。

だから結局、何かの集まりがあるときは、いつも、

「カテリーナさんのお家に集まりましょう。なんだか居心地が良いのよね」

と言っていただき、皆さんのたまり場のような、集まる場所になることがよくありました。

「お客さんがよく来る家は繁栄する」

という言葉を聞いたことがあります。「商売繁盛」の精神も、お客さんが入りやすい店、居心地の良い店がたくさんのお客さんが集まる店の条件の一つだと言われています。

やはり「美味しいお茶や食事」「居心地の良い空間」「楽しいおしゃべり」の3つは、おもてなしの基本です。

日本にはもともと「おもてなしの文化」がありますが、ウクライナもそういう意味では古くから「お客さんを家に招いておもてなしする」精神がしっかり根づいていると思っています。

バラの花びらの手作りジャム

PART1で、ウクライナでは「バラの花びらをバスタブに浮かせて入る習慣がある」というお話をしました。

ウクライナ人はお花が大好きで、友人や恋人へのプレゼント以外にも、自宅用によくお花を買って帰ります。

また、先ほどお話ししたように「紅茶文化」もあるので、紅茶にジャムを入れて「ロシアンティー」で飲むのも大好きです（ロシアでは、こういう飲み方は一般的ではないようですが）。

ウクライナにとって、バラは欠かせない食材です。ウクライナにはバラの種類がいろいろあり、バラの花びらでジャムを作ったりします。

バラのジャムは、ブルガリア産のダマスクローズというバラの花を使うことが多いです。そのバラは、普通のバラの花よりも大きくて、花びらも薄くて食用に適しています。そのバラからジャムはもちろん、紅茶を作ると香りが素晴らしくて美味しいのです。

バラの花には、香りだけでなく美容や健康に嬉しいポリフェノール、ビタミンC、食物繊維などが含まれています。

抗酸化力の高いポリフェノールはアンチ・エイジングに効果があると言われており、ビタミンCには、色素の沈着予防や、体内でのコラーゲンの合成、毛穴の引き締めなどが期待できます。


では、「バラのジャム」と、「バラの紅茶」の作り方を簡単にお伝えします。

《バラのジャム》

バラの花びらに砂糖を加えてよくもみ込む。バラ色の液体がでてきたら鍋に移して、水を加えます。お好みの粘度になるまで加熱して、最後にレモン汁を加えればできあがり。

り。

《バラの紅茶》

バラの花びらをよく乾燥させたら、紅茶の茶葉にまぜて、香りが移るまで1時間ほど冷蔵庫で保管します。ポットに注いだお湯に茶葉を3分ほど浸せば、バラの紅茶の出来上がり。

また、ジャムや紅茶と同じように、保存食としてよく作るのが、生野菜で作るピクルスです。

ダーチャで夏の間に育てた野菜であまったものを、酢漬けにして瓶詰めにしておきます。すると、冬の時期にちょうどよく漬かっているので、生野菜が取れない時期に食卓に並ぶ、ウクライナの常備食でもあります。

ピクルスのお酢に含まれるクエン酸には胃液の分泌を促し、消化酵素の働きを活発にして、疲労回復やダイエット効果も期待できます。野菜のもつ食物繊維やビタミンも摂取することができます。

またウクライナでは、冬は雪が降ることもあり、気温は北海道と同じくらいです。その

ため、夏と冬で野菜や果物の値段に大きな差があります。1年中、新鮮な野菜や果物を手軽に買うことができないので、夏場にピクルスを作っておくことで、野菜が高い冬の時期も食べることができるのです。

ウクライナのこだわりの調味料は毎回、お取り寄せ

私は毎年、ウクライナから必ず取り寄せているものがあります。それは、ウクライナの調味料です。

ウクライナには、在来品の香辛料（ディル・セロリ・ヒメウイキョウ・アニス・ミント）と油類（植物油・サーロ・牛乳・バター・スメタナ）があります。

これらのうち日本ではなかなか手に入らない調味料を、ウクライナにいる母から送ってもらっていました。

例えば、豚のブロック肉に塩コショウ、生ニンニクとウクライナのハーブ系の調味料をたっぷりかけてオーブンで焼いただけで、ものすごく美味しくなります。

市場ではスパイスやハーブ、乾燥させた花などが並ぶ（オデーサ）

お客さんが来たときによくお出しするのですが、皆さん、一口食べただけで、「美味しい！　何、このお肉？」と喜んでくれます。「この料理の作り方を教えて」と、ママ友たちに良く聞かれましたが、ウクライナのハーブ系の調味料をメインに使っただけの簡単な肉料理なのです（201ページで紹介しています）。

ただ残念なことに戦争が始まってから、ウクライナの調味料を手に入れることは困難になりました。

なんとか日本にあるハーブや調味料で同じようにできないかあれこれ試しましたが、なかなか再現できません。本当ならウクライナに帰って調味料をたくさん買って帰りたいところですが、今のところは実現できそうになく、それが残念で仕方ありません。

また、ハーブは風邪を引いたときにも重宝しました。ウクライナにいた頃から我が家でよくやっていたのは、風邪の引き始めにハーブ茶を飲むことです。

ウクライナでは公的な健康保険制度がないこともあり、風邪をひいてもすぐに病院にいくことはせず、自分たちで風邪を治そうとします。まずは温かい紅茶をたくさん飲むこと。ビタミンCがたっぷり入ったベリージャムを食べることです。

ウクライナは欧州を代表する農業国であり、夏は暑いものの一年を通じておおむね冷涼な気候なので、薬用植物である甘草などの栽培にも適しています。

漢方薬もたくさんあるので、戦争が始まる前にはウクライナに帰ったときに多めに買って、日本に持って帰ったりしていました。

私などは日本の病院でもらう薬よりも、ウクライナの漢方薬のほうが体に合うようで、ちょっとした風邪や体調不良はウクライナの漢方を飲めば治ってしまいます。

早く戦争が終わってほしい、といつも思っていますが、料理をするたびに、ウクライナの調味料が恋しくなるのです。

ウクライナのイースター・エッグ

イースター（復活祭）は、イエス・キリストが十字架にかけられ亡くなって3日目によみがえったことを祝う行事であると同時に、めぐりきた春を讃える祭礼でもあります。

イースターが近づくと、ウクライナを始めヨーロッパの国々では、中身を抜いた卵の殻に彩色して木の枝につるしたり、赤く染めたゆで卵を食卓に飾り付けたりして生命の目覚めを祝います。

ウクライナのイースター・エッグは「ピサンカ」と呼ばれます。これはウクライナ語の「ピサーチ」（書く）という言葉から来たものです。

ピサンカの歴史は数千年の昔、「太陽」や「生命」を象徴する卵に、狩りの獲物の絵を描いたり、さまざまなデザインを描いたのが始まりといわれています。

もともとは土や灰を用いた白、茶、黒の単純なデザインがほとんどでしたが、歴史を重ねるごとにデザインも変化して、多くの色が使われるようになりました。

やがて、ピサンカは幸福の祈りを込めた贈り物として、家族や友人に贈りあうようになり伝統的な習慣として続いています。


イースターではウクライナで守られている決まりがいくつかあります。日曜日はキリストの日なので、

「仕事はしてはいけない、ハサミは使ってはいけない、糸や針で裁縫してはいけない、畑仕事もだめ。何もしないで日曜日はゆっくり過ごそう」

その前の土曜日には部屋の大掃除をしたり、やるべきことをすべてすませて、日曜日は家族揃って休みを楽しむのです。

では料理はどうするかというと、前の日までに全部、食材を切っておかなければなりません。もしどうしても間に合わないという時は、パンでも、野菜でも、お肉でも、ソーセージでも手でちぎって料理します。

またイースターの前日までには、必ず大掃除をしないといけないのも決まりです。とく

聖ソフィア大聖堂前の広場に飾られたイースターの卵のエンブレム（2016年）

民族衣装を着て、イースターの卵を描く家族（2008年）

に「イースターの前日までに窓を全部きれいにしなければいけない」と、小さい頃から両親や祖父母から言われてきました。

これも部屋をきれいにして神様の復活を祝う、という意味と、家族が健康に暮らせるように、という意味も込められているのかもしれません。

ウクライナ人の健康寿命

WHO（世界保健機関）が発表している「世界の平均寿命ランキング（2022年版）」では、日本が1位（平均寿命84・3歳）で、2位がスイス（83・4歳）、3位が韓国（83・3歳）でした（日本の男女別では男性81・5歳、女性86・9歳）。

ちなみに、先進国のアメリカは40位（78・5歳）と低く、ウクライナはロシア（96位／73・2歳）よりさらに低い、100位（73・0歳）でした。

これは男女の平均寿命なので、ウクライナの場合、戦争もあり飲酒量も増えたので男性の平均寿命はさらに短くなり68歳だそうです（女性は77・8歳）。

キーウの街角にて②（2023年7月30日）

戦争以外の要因では、1986年に起こったチェルノブイリ原発事故の影響も大きいと言われています。被災者は60万人で、そのうち被曝が原因で亡くなった方々は4000人以上と報道されています。

日本も男女の平均寿命の差は7歳くらいありますが、ウクライナも結局、女性のほうが長生きなので、夫に先立たれても一人で生きていけるように女性も畑仕事や家畜の世話ができるようになるのだと思います。これがウクライナの女性たちの「健康寿命」を延ばしているのかもしれません。

番外編

\ 健康美人になる /

ウクライナの郷土料理

ウクライナには、健康と美容にも良くて
美味しい郷土料理がたくさんあります。
ここでは、ウクライナの一般家庭でよく作っている
料理のレシピを紹介します。

作り方（4人分）

1 しいたけ、マイタケ、ぶなしめじを
それぞれの鍋で強火でゆでる。
ゆで上がったら、それぞれ細切りにしておく。

2 タマネギ、パプリカを細切りにする。

3 お酢、砂糖少々、黒コショウ、
ひまわりオイルを混ぜてマリネ液を作る。

4 ボウルにゆでた3種類のキノコ、
細切りタマネギとパプリカを入れて、3で和える。
そのあと冷蔵庫で冷やしておく。

5 食べる前に一度味見をして、
お酢とひまわりオイルを足して味を調える。
仕上げに青ネギを散らせば出来上がり。

カテリーナからのひとことアドバイス

ウクライナはワインの種類が豊富なので、前菜料理として白ワインに合わせたキノコのマリネをよく作ります。マリネに入れるのはオリーブオイルでもいいですが、ひまわりオイルのほうがサッパリしているので、ウクライナ料理にはよく使います。

白ワインと相性バッグン！
キノコの風味と食感を
生かしたマリネ

キノコのさっぱりマリネ

ウクライナ料理には、とにかくよくキノコが使われます。
炒めたり、煮たり、スープにしたり。
そのなかでも前菜として、
さっぱりしたマリネが食卓によく登場します。

サバ缶と卵の黄身を和えるだけ。
最高の酒のつまみメニュー

ゆで卵とサバのファルシー

サバ缶のサバをほぐして、ゆで卵の黄身と
マヨネーズと和えるだけ。
白身に詰めたり、パンに塗ったり、
そのままご飯にのせて食べても美味しい！

作り方（4人分）

1 卵を15分ほどゆでた後、水で冷やす。

2 卵の殻をむき、縦に半分に切って、黄身を取りのぞく。

3 水煮のサバ缶の小さな骨を取り除き、
卵の黄身とマヨネーズで混ぜ合わせる。

4 3を卵の白身のくぼみに入れる。
お好みでマヨネーズを上から薄く塗ってもOK。

5 黒コショウをかけて、青ネギを添えたら完成。

カテリーナからのひとことアドバイス

ウクライナの田舎町では、自宅でニワトリを飼っていることが多く、家に卵が豊富にありました。あとは手軽にサバ缶（シーチキンでも可）と卵の黄身と和えるだけ。パンやご飯にのせても美味しいので、酒のつまみ以外でも朝食でも喜ばれます。

作り方（4人分）

1 ビーツは柔らかくなるまで約3時間ほどゆでる。

2 ゆでたビーツは皮をむき、
すりおろし器ですっておく。

3 すりおろしたビーツにニンニク1片をすりおろして、
塩、黒コショウ、マヨネーズを入れて味を調える。

4 フランスパンに塗って、細かく切った
イタリアンパセリを散らしたら出来上がり。

カテリーナからのひとことアドバイス

ビーツはすりおろしても、細切りにしてもOK。子ども向きにするならニンニクの代わりにクルミやプルーンを細かくして入れると、また味わいが変わって美味しい。ビーツは血流を良くする野菜として、ウクライナでは美肌や便秘に効果が期待できると言われています。すりおろしたビーツの汁は、スムージーに入れるのもおススメ。

赤いビーツがテーブルを
華やかにする！
美肌にも◎の
ウクライナ女性が
大好きな
定番料理

ビーツのフランスパンのせ

ビーツの赤みが華やかで食欲をそそる！
ウクライナではクリスマスパーティにも
よく登場する人気メニュー。

見た目も華やか！
ボリュームもあるのでお腹もいっぱい

パプリカの肉詰め

赤と黄色のパプリカが
ホームパーティに最適！
お米と野菜が入ったひき肉が
たっぷり詰まっているので、
満足感のあるウクライナの
伝統料理のひとつ。

作り方（4人分）

1 パプリカはヘタの部分を切って中の種を取り除き、塩を入れた湯で5分ほどゆでておく。

2 タマネギ1個をみじん切りにし透明になるまで炒め、すりおろしたニンジン1本とひき肉500グラムも加えて一緒に炒める。

3 米1/2カップを同量の湯で5分ほどゆでる。

4 ボウルに2と3を合わせ、塩、黒コショウを入れて混ぜる。

5 鍋にオリーブオイルを入れ、みじん切りしたニンニク2片を軽く炒め、缶詰のトマトソース1缶を入れて塩を少々加え、弱火で30分ほど煮込む。

6 パプリカの中にそれぞれ4の餡（あん）を入れてヘタで閉じ、5の鍋に並べて入れて、弱火で約40分ほど煮る。

7 皿に盛りつけたら上からトマトソースをかけ、サワークリームを添えたら出来上がり。

カテリーナからのひとことアドバイス

大きめなパプリカを選んだほうがひき肉がつめやすいのでおススメ。

作り方（4人分）

1 ゆでたビーツとじゃがいも、
ニンジンをひと口大に切る。

2 缶詰のひよこ豆、刻んだタマネギとピクルスに
塩とサラダ油を加えて混ぜ合わせる。

3 仕上げに青ネギをふりかけたら出来上がり。

ビーツ

カテリーナからのひとことアドバイス

実家では、ボルシチを食べる前によく出された前菜料理です。ビーツは葉の部分まですべておいしく食べることができるので、余った葉は、ボルシチに入れたり、葉だけを炒めてお酢とレモンにつけておくと冷凍保存できます。以前は、一般的なスーパーではあまり見かけませんでしたが、最近ではビーツを取り扱うスーパーが増えました。

ウクライナ語で
「ビネグレット」と呼ばれる、
母国ではお馴染みのビーツ料理

ビネグレット

真っ赤な色になる根菜のビーツは
血流が良くなるといわれるヘルシー食材。
お酒のつまみとしても合うので、
お客様が来たときのおもてなし料理としておススメ。

ウクライナの代表料理。
夏は冷たくしてサッパリと、
冬は温かいスープとして一年中、楽しめる!

ボルシチ

ビーツ以外にも、じゃがいもやニンジン、
鶏肉などが豊富に入っているので栄養満点。
お酢も入っているので酸味のあるスープです。

作り方（4人分）

1 タマネギ1個をみじん切り、ニンジン2本を薄い半月切り、じゃがいも3個を角切り、ビーツ2個を千切り、パプリカ1個を角切り、キャベツ1/2個を千切りにする。

2 鶏もも肉2枚をひと口大に切り、鍋にローリエ2枚と一緒に入れ、弱火で60分ほどゆっくり煮込む。ダシが出てきたら塩を加える。

3 ニンジン、じゃがいもを2に入れ、缶詰の豆を1缶入れる。

4 フライパンでビーツを炒め、酢を少々入れる。柔らかくなったらタマネギを入れ、黄金色になるまでさらに炒める。

5 じゃがいもが柔らかくなったら4を入れ、パプリカも入れて弱火で10分煮込む。

6 塩と固形ブイヨンとコショウで味を調え、最後にキャベツを入れ、5分ほど弱火で煮たら完成。お好みでサワークリームを添えると、さらに美味しい。

カテリーナからのひとことアドバイス

鶏肉は料理する前にさっと水で洗っておくと臭みが出ません。

作り方（4人分）

1 豚肉のヒレのブロック肉を用意する。

2 ブロック肉にまんべんなく
ミックスハーブをまぶしていく。

3 塩、コショウで味を調えたら、アルミホイルに
オリーブオイルを垂らしてからブロック肉を巻いていく。

4 200度のオーブンで
30分ほど焼いたら出来上がり。

カテリーナからのひとことアドバイス

豚肉以外にも鶏肉でも美味しくできます。ミックスハーブをつけたお肉は、味がしみるよう3、4時間は置いておきましょう。ラディッシュをつけると、より美味しくいただけます。

味付けはお肉の旨味を引き立てる
ミックスハーブと塩、コショウだけ！

ミックスハーブの
ヒレ豚肉
オーブン焼き

ウクライナ料理の定番調味料が、オレガノ、タイム、
スイートバジル、パセリの混合ハーブ。
この調味料さえあれば、どんなお肉も柔らかジューシーに！

外側サクッと、中はもっちり。
腹もちがよいので
子どもから
大人まで大満足

ウクライナのお好み焼き「デルニ」

時間がない朝に、手軽に食べられる
ウクライナのお好み焼き。お肉などは入れずに野菜だけで
ヘルシーなのでダイエット中の女性にもピッタリです。

作り方（4人分）

1 じゃがいも4個とタマネギ1個、
ニンニク1片の皮をむき、すりおろす。

2 卵1個、刻んだパセリ、小麦粉（大さじ4）、
塩（小さじ2）、コショウ少々を加えて1に混ぜ、
お好み焼きの生地ほどの硬さにする。

3 熱したフライパンに油をひいて
2、3個ずつ小さめに両面を焼く。

4 焼き目がついたら、
サワークリームを添えて出来上がり。

カテリーナからのひとことアドバイス

下味をしっかりつけておけば、サワークリームだけで十分、美味しく食べられます。
最初は弱火で1分焼いたら、生地をひっくり返して強火で1分焼きます。火加減を間違えると焦げやすいので注意しましょう。

作り方（4人分）

1 りんごを薄いざくぎりにし、
サラダオイルをひいたケーキ用の型に、
渦巻きのように並べる。

2 卵3個と砂糖200グラム、フロストシュガー小さじ1、
ベーキングパウダー小さじ1を混ぜる。
後から小麦粉（200グラム）をふるいにかけながら
入れて混ぜ合わす。

3 2を1の上にかけるように入れる。

4 あらかじめ180度に設定したオーブンで
30〜40分ほど焼く。焼き目がついたら仕上げに
シュガーパウダーをかけて出来上がり。

カテリーナからのひとことアドバイス

じつはウクライナ人にとって、りんごはとても身近な果物です。ダーチャ（別荘）でりんごの木を栽培している家庭がたくさんありました。ウクライナは日本よりりんごの生産量が多いので、それだけ料理やスイーツに使われています。

りんごの
甘酢っぱさを
生かしたケーキは
ティータイムの
おもてなしに大人気

りんごの
シャルロット

薄く切ったりんごをしきつめて、
生地を流し込んだだけの簡単ケーキ。
スイーツ作りの初心者でも失敗なく作れるのでおススメ。

本書の著者印税の一部はウクライナ支援のために使われます。

参考資料
在日ウクライナ大使館ホームページ
「日刊ゲンダイ」

写真　ロイター／アフロ、AP／アフロ、Abaca／アフロ、
ZUMA Press／アフロ、毎日新聞社／アフロ
AFP＝時事、Ukrinform／時事通信フォト、
SPUTNIK／時事通信フォト
123RF

編集協力
カテリーナミュージック
カロスエンターテイメント　湯本浩昭
FIX JAPAN　堤　澄江

【著者略歴】
カテリーナ（Kateryna）
ウクライナの歌姫・バンドゥーラ奏者。
1986年、ウクライナ・プリピャチ生まれ。生後30日の時にチェルノブイリ原発事故で被災。６歳の時にチェルノブイリ原発で被災した子供たちで構成された音楽団に入団、故郷の民族楽器であるバンドゥーラに触れ、演奏法・歌唱法の手ほどきを受ける。海外公演に多数参加、10歳のときに日本公演のため初来日。16歳から音楽専門学校で学んだ後、19歳の時に音楽活動の拠点を東京に移すため再来日。日本で活動する数少ないバンドゥーラ奏者の一人として、また、ウクライナ民謡・日本歌曲・クラシック・ポップスのヴォーカリストとして、CDのリリース、国内ツアーやライブハウスでのパフォーマンスなど、精力的な活動を行っている。現在は、全国各地でチャリティーイベントを中心にライブ活動を展開している。

ホームページ：https://www.kateryna-music.jp

祖国を愛し、家族を守る
ウクライナ女性の美しく前向きな生き方
美人大国・ウクライナ女性の衣食住と恋愛・結婚のすべて

第１刷　2023年９月30日

著　者　カテリーナ
発行者　小宮英行
発行所　株式会社徳間書店
〒141-8202　東京都品川区上大崎3-1-1
目黒セントラルスクエア
電話　編集（03）5403-4344／販売（049）293-5521
振替　00140-0-44392
印刷・製本　図書印刷株式会社

ISBN978-4-19-865678-2